REISEN

hat mit Neugier und Aufbruch zu tun, mit Fernweh und der Lust,
das Gewohnte einzutauschen gegen eine Fülle unbekannter Reize. Davon
handelt dieser Bildband. Er versammelt die besten Geschichten
aus allen Erdteilen, die Reporter der Süddeutschen Zeitung unterwegs
aufgeschrieben haben. Geschichten über Menschen, ihre Kultur
und die Natur, in der sie leben. Geschichten von Autoren, die für ihre
Recherche oft eine Menge Mut aufbringen mussten – um in Australien
mit Walhaien zu tauchen, sich wochenlang auf einer einsamen
Insel aussetzen zu lassen, auf Skiern zum Nordpol zu wandern, in Portugal
die höchsten Wellen zu surfen oder durch Kurdistan zu fahren und
bei fremden Menschen auf dem Sofa zu übernachten.

Es sind Geschichten, die ihre Leser mitnehmen wollen –
einmal um die Welt.

ISBN 978-3-86497-164-8

9 783864 971648

WELT

REISE

GESCHICHTEN

DIE BESTEN REISEREPORTAGEN
DER SÜDDEUTSCHEN ZEITUNG

© Süddeutsche Zeitung GmbH, München
für die Süddeutsche Zeitung Edition 2013

Herausgeber: Jochen Temsch

Projektleitung: Michaela Adlwart, Sabine Sternagel

Art Director und Umschlaggestaltung: Stefan Dimitrov

Bildredaktion: Stephanie Fischer

Projektmitarbeit: Clara Ferschen

Grafik, Satz und Litho: Sophie Wolfbauer

Coverillustration: Joaquim Gaspar, Wikimedia Commons

Herstellung: Thekla Licht, Hermann Weixler

Druck- und Bindearbeiten: CPI – Ebner & Spiegel, Ulm

ISBN: 978-3-86497-164-8

HERAUSGEGEBEN VON JOCHEN TEMSCH

WELT
REISE
GESCHICHTEN

DIE BESTEN REISEREPORTAGEN
DER SÜDDEUTSCHEN ZEITUNG

SüddeutscheZeitung Edition

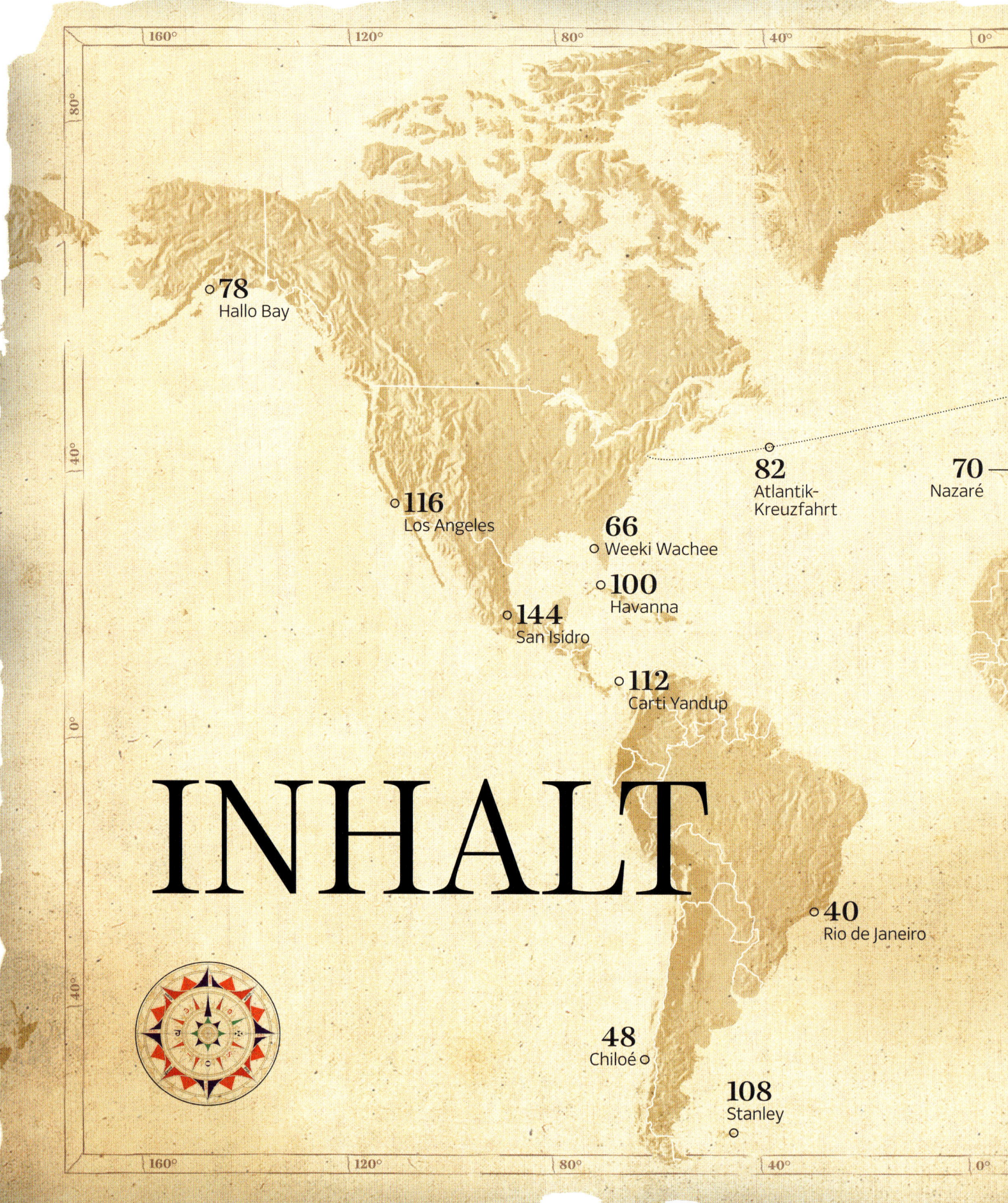

INHALT

138 Nordpol

126 Grantown on Spey

156 Perm

30 Geisa

52 Paris

134 Bern

90 Modena

18 Thessaloniki

104 Victoria

86 Ararat

130 Erbil

56 See Genezareth

44 Petra

94 Harbin

74 Hohhot

22 Koyasan

12 Lhasa

26 Nashik

120 Luang Prabang

62 Gondar

148 Palau

8 Gorongosa

36 Hinchinbrook Island

152 Ningaloo Reef

FÜR UNTERWEGS

Der türkische Zöllner an der Grenze zum Nordirak staunte nicht schlecht, als er unsere junge Reporterin sah. „Warum fahren Sie nach Kurdistan?", fragt er sie, „Kurden gibt es doch auch bei uns." Ausgerechnet ein Mann, der von Berufs wegen Reisenden den Schlagbaum vor der Nase herunterlässt, sprach unfreiwillig eine sehr weitsichtige Erkenntnis über das Unterwegssein aus: Es geht um die Menschen.

Nicht die Erkundung einer möglichst entlegenen Region, nicht die Beschreibung schöner Landschaften macht den Reiz einer guten Reisereportage aus. Es sind die Begegnungen mit den Einheimischen, ihre Träume und Lebensgeschichten, ihre Einfälle im Ringen mit dem Alltag, über die sich ein fremdes Land am besten erschließen lässt. Autoren, die sich ganz offen auf solche Begegnungen einlassen, bringen selbst aus scheinbar völlig vertrauten Gegenden abenteuerliche Geschichten mit – sei es von einer Radtour entlang der ehemaligen deutsch-deutschen Grenze, von der Suche nach der Liebe in Paris oder vom Baden in einem eiskalten Schweizer Gletscherfluss. Ein gutes Gespräch kann die Wahrnehmung eines Landes komplett verändern. Tausende Touristen besuchen täglich die Felsenstadt Petra in Jordanien und würden behaupten, den Ort zu kennen. Aber wer hat ihn je durch die Augen einer dort lebenden Beduinin gesehen?

Kartendienste und Datenbanken im Internet ermöglichen heutzutage virtuelle Abstecher an jeden beliebigen Ort der Erde und simulieren die vielfältigsten Eindrücke. Doch das alles ist nichts gegen die Faszination des Reisens. Reisen hat mit Neugier und Aufbruch zu tun, mit Fernweh und der Lust, das Gewohnte einzutauschen gegen eine Fülle unbekannter Reize. Davon handelt dieses Buch. Es versammelt die besten Geschichten aus allen Erdteilen, die Reporter der Süddeutschen Zeitung unterwegs aufgeschrieben haben. Geschichten über Menschen, ihre Kultur und die Natur, in der sie leben. Geschichten von Autoren, die für ihre Recherche oft eine Menge Mut aufbringen mussten – um in Australien mit Walhaien zu tauchen, sich wochenlang auf einer einsamen Insel aussetzen zu lassen, auf Skiern zum Nordpol zu wandern, in Portugal die höchsten Wellen zu surfen, mit einem kleinen Kind in die Südsee zu reisen oder eben durch Kurdistan zu fahren und bei fremden Menschen auf dem Sofa zu übernachten.

Es sind Geschichten, die ihre Leser mitnehmen wollen – einmal um die Welt.

JOCHEN TEMSCH

VON FLORIAN SANKTJOHANSER

DER GÄRTNER VON EDEN

Im Bürgerkrieg wurde der
Gorongosa-Nationalpark in Mosambik zerstört.
Nun baut ihn ein Millionär wieder auf.

*Mächtige Baobabs stehen im Nationalpark, dessen Szenerie sich
ständig wandelt: Steppe geht über in Akazienwald
und in Palmenhaine. Bäume zu fällen, ist verboten.*

Als die Elefantenkuh sich umdreht und auf den Geländewagen zutrampelt, erstarren die Touristen. Das mächtige Tier flappt mit den Ohren, richtet den Oberkörper auf, trompetet. „Die Matriarchin", flüstert José Montinho. „Sie deckt der Herde mit den Kälbern den Rücken." Der jungenhafte Safariguide blickt sich nach einem Fluchtweg um. Die Elefantin mustert den Wagen argwöhnisch, schnaubt, hebt drohend den Rüssel. Ein, zwei lange Minuten vergehen, keiner im Auto bewegt sich. Schließlich dreht sie ab und trottet zurück zu ihrer Herde, die vor der untergehenden Sonne in den Wald wandert.

Menschen in Autos bedeuten den Tod. Dieser Reflex sitzt immer noch tief in den Elefanten des Gorongosa-Nationalparks,

20 Jahre nach dem Ende des Bürgerkriegs in Mosambik. Die alten Tiere sind traumatisiert vom großen Schlachten, dem 95 Prozent der Elefanten im Park zum Opfer fielen. Und sie geben ihre Furcht und Aggression an die Jungen weiter. Es ist ein langer Weg zurück in die glorreiche Vergangenheit des Parks.

Der Gorongosa-Nationalpark im Herzen Mosambiks wurde 1960 von den portugiesischen Kolonialherren gegründet. In seiner Glanzzeit in den siebziger Jahren galt er als einer der schönsten Wildparks des südlichen Afrikas. Alte Fotos zeigen Zebras und Gnus in der Savanne, einen Fluss voller Hippos, Büffel- und Elefantenherden, große Löwenrudel. 20 000 Touristen kamen pro Jahr, sie wohnten in modernen Bungalows im Chitengo Camp, sonnten

sich am Pool und gingen in VW-Bussen auf Pirschfahrt. Dann kam der Krieg.

Die antikommunistischen Rebellen der Renamo verschanzten sich in den Wäldern und schlugen hier eines ihrer Hauptquartiere auf, Casa Banana. Die hungrigen Soldaten schossen die Wildtiere, um ihr Fleisch zu essen. Das Elfenbein verkauften sie, um davon neue Waffen und Munition zu besorgen. Landminen zerrissen viele Tiere. 1985 eroberten die Truppen der sozialistischen Regierung das Lager. Doch das Schlachten der Tiere ging weiter.

Bauern, deren Felder vermint waren, flüchteten in den Nationalpark und jagten dort zusammen mit professionellen Wilderern. Als man 1994, zwei Jahre nach dem Ende des Bürgerkriegs, die Bestände zählte, hatten von 3000 Zebras 65 das Ge-

metzel überlebt, von einst 2200 Elefanten blieben noch 108 übrig. Die 14 000 Büffel, die noch 1972 im Park ästen, waren komplett ausgerottet, ebenso die 5500 Gnus und die 3000 Flusspferde. Das letzte Nashorn starb bereits in den siebziger Jahren.

„Als ich 2004 das erste Mal hierherkam, sah ich kaum Tiere", erzählt Greg Carr beim Abendessen im wieder aufgebauten Chitengo Camp, „vielleicht ein paar Warzenschweine." Der große Mäzen des Parks, geboren 1959 in Idaho als letztes von sieben Kindern, trägt Dreitagebart, Poloshirt und Kakihose. Auf seinem Konto liegen Hunderte Millionen Dollar. Carr hat ein Vermögen mit Telefon- und Internetfirmen gemacht. Als er 1998 seine Anteile verkauft hatte, gründete er ein Museum, einen Friedenspark und ein Forschungszentrum für Menschenrechte in Harvard. Dann fand er sein Lebensthema: den Kampf gegen das Artensterben.

In New York lernte Carr Mosambiks UN-Botschafter kennen, der ihn in sein Heimatland einlud. „Ich dachte: Welche Stärke hat Mosambik?", erzählt er. „Ich kam auf Ökotourismus." Carr flog alle Nationalparks des Landes ab. Als er über die Palmwälder, die Savannen, die Flüsse und Seen des Gorongosa schwebte, wusste er, dass er den richtigen Ort gefunden hatte. „Die Leute rieten mir ab", erinnert sich Carr, „sie sagten: Es ist alles zerstört. Aber die Mosambikaner lieben diesen Park, sie wollten ihn wieder aufbauen. Sie brauchten nur Geld."

Carr stellte Wildhüter ein, die Fallen entschärften und Wilderern die Gewehre abnahmen. Und er begann, Tiere einzuführen. Im August 2006 trafen die ersten 54 Büffel aus dem Krüger-Nationalpark in Südafrika ein, es folgten Gnus, Elefanten, Flusspferde und Geparden.

Jetzt schwimmen wieder Flusspferde in Gorongosa. Der Mäzen des Parks hat sie eingeführt, genauso wie Büffel, Gnus, Elefanten und Geparden. Soldaten hatten die ursprünglichen Populationen teils ausgerottet, das Fleisch der Wildtiere gegessen und ihr Horn verkauft.

Wer heute zu José Montinho in den Geländewagen steigt und durch das Tor des Chitengo Camps hinausrollt, sieht bald die ersten Warzenschweine mit keck erhobenem Kopf zwischen Akazien und Lala-Palmen davontrippeln. Er sieht Oribi-Antilopen über den Weg springen, Wasserböcke in der Savanne grasen und ein Flusspferd in einen Tümpel tauchen. Er sieht Paviane von der Ruine des Löwenhauses hüpfen, auf dessen Flachdach sich einst die Raub-

katzen sonnten, und er sieht Sattelstörche durchs hohe Gras staksen. „Die schönsten Störche Afrikas", flüstert Thomas Herzog und reicht das Fernglas herüber. Der Österreicher, ein Safariprofi, ist mit seiner Frau und einem befreundeten Ehepaar angereist, zusammen haben sie den Verein Build an Ark gegründet, der Spenden für Tierschutzprojekte sammelt. „Ich habe mir 200 Parks und Projekte angeschaut", sagt Herzog. „Es gibt keinen anderen Wildpark in Afrika, der so inspirierend ist und so vielversprechend für die Artenvielfalt. Das war mal der Garten Eden."

Die Landschaft sieht noch immer so aus. Alle paar Minuten ändert sich die Szenerie, Akazienwald wird zu übermannshohem Gras, geht dann über in Palmwald. Nilpferde und Krokodile gibt es zahlreiche. Nur die Löwen machen sich noch rar im Gorongosa. „Vor dem Bürgerkrieg war der Park berühmt für seine Löwen", sagt Paola Bouley, 38 Jahre alt, Biologin aus Südafrika. „Einst haben 200 Löwen im Nationalpark gelebt, zusammen mit der Umgebung sollen es sogar 500 Tiere gewesen sein." Im Krieg verhungerten sie und wurden geschossen. „Danach war noch eine einstellige Zahl am Leben", sagt Bouley. Jetzt wird geschätzt, dass wieder 30 bis 50 Löwen durch den Nationalpark streifen. Das Problem: Ihre Zahl stagniert, obwohl sich die Beutetiere stark vermehrt haben. „Wir prüfen ihre Gesundheit und suchen nach genetischen Problemen", erklärt Bouley. „Vielleicht ist Inzucht schuld daran."

Bouleys Problem ist ein wichtiges und dringendes. Löwen sind die Stars der Savanne, sie locken Safaritouristen. Und die sollen Geld und Jobs bringen für die 200 000 Menschen, die in den Dörfern rings um den Nationalpark leben. In der Pufferzone rund 15 Kilometer um die Parkgrenzen dürfen sie ihre Felder nicht düngen, nur begrenzt Bäume fällen und nahe des Parks keine Kühe halten. Die Dörfler sind arm, die Verlockung zu wildern ist groß. Deshalb will Greg Carr den Tourismus ausbauen, um neue Jobs zu schaffen. „Wir planen fünf oder sechs Safaricamps im Park", sagt er. Im kommenden Jahr öffnen zwei neue Luxuscamps, außerdem sollen Bootstouren angeboten und die Safaris zu Fuß ausgeweitet werden. „Ein Nationalpark in Afrika muss den Einheimischen helfen", sagt Carr, der selbst 400 Dorfbewohner angestellt hat. „Der Tourismus gibt der Artenvielfalt einen Wert."

Das sollen die Kinder schon in den zwei Schulen lernen, die Carr bauen ließ, zusammen mit zwei Kliniken und einer Fabrik, in der Bananen und Ananas getrocknet und für die Supermärkte in der Hauptstadt Maputo verpackt werden. Im Bildungszentrum des Park-Hauptquartiers wird den Kindern in Workshops nachhaltige Landwirtschaft beigebracht. Und ihre Mütter lernen, Gemüse anzubauen, das sie dem Park-Restaurant verkaufen können. Bisher betreiben die Einwohner der Dörfer vor allem Brandrodung. Wenn die Felder nach ein paar Jahren ausgelaugt sind, ziehen sie weiter. Auf dem Monte Gorongosa lassen sich die dramatischen Folgen besichtigen. Große Löcher klaffen im letzten Regenwald Mosambiks, auf den zweieinhalb Mal so viel Niederschlag fällt wie auf den Rest des Parks. Der 1863 Meter hohe Berg ist die Wasserscheide der Region, etwa die Hälfte des Wassers in den Flüssen des Parks entspringt hier. Deshalb hat Carr jahrelang gefordert, dass das Massiv Teil des Parks wird. 2010 hatte seine Lobbyarbeit Erfolg: Die Regierung erklärte, dass ab dem folgenden Jahr das Bergland über 700 Höhenmetern geschützt ist. Greg Carr versucht, den Gorongosa-Nationalpark mit der Energie und Hartnäckigkeit eines Unternehmers zu retten. Er lädt Wissenschaftler und Filmteams ein und verhandelt mit Politikern. Bisher hat Carr 20 Millionen Dollar in den Park gesteckt. Er plant, noch mal die gleiche Summe zu investieren. Irgendwann soll sich Gorongosa durch den Tourismus selbst finanzieren. Seine Methode scheint erfolgreich zu sein. 2006 kamen kaum 1000 Besucher, im vergangenen Jahr waren es schon 7000, rund die Hälfte davon Mosambikaner. Doch Carr steht weiterhin vor gewaltigen Problemen. Die Flüsse führen immer weniger Wasser, vielleicht eine Folge des Klimawandels. Dieses Jahr sind einige Tümpel schon im Mai ausgetrocknet, aus denen die Tiere früher bis August tranken, erzählt Montinho, der Safariguide. Und Thomas Herzog, der Tierschützer aus Österreich, sagt, dass einige der aus Südafrika eingeflogenen Tiere schon geschossen wurden: „Die Leute in den Dörfern streichen die Unterstützung ein und gehen trotzdem wildern." Carr lässt sich von Rückschlägen aber nicht entmutigen. Der Gorongosa-Nationalpark ist sein Lebensprojekt, er hofft, dass andere Reiche seinem Beispiel folgen. „Wenn wir nichts tun, verlieren wir in den nächsten 30 Jahren vielleicht ein Drittel der Arten", sagt Carr. Gorongosa ist für ihn nur „ein Ort von Tausenden, wo dieser Kampf ausgefochten" werden muss.

VON STEFAN NINK

SCHLAPP IN LHASA

Höhenluft, drängelnde Chinesen,
Abhöranlagen im Kloster:
Tibets Klima ist gewöhnungsbedürftig.

Pilger stopfen Wacholderzweige
in steinerne Verbrennungsöfen.
Ihre Gebete steigen mit
dem Rauch hinauf
zu den Göttern, heißt es.

Hinterher war ja immer alles toll – unterwegs aber geht es uns auf Reisen manchmal überhaupt nicht gut. Unser Autor hat das neulich in Tibet erlebt. Zum Glück lag sein Hotel mitten in der Altstadt von Lhasa. Hier Auszüge aus seinem Reise-Tagebuch.

ERSTER TAG: KOFFER INS KREUZ

Endlich angekommen, nach zwei entsetzlich langen Flügen. Locker von Frankfurt nach Peking, guter Wein, zwei Ballerfilme, gesicherter Erdnussnachschub dank Flirt mit der Stewardess. Dann: fürchterlicher Anschlussflug nach Lhasa. Schreiende Kinder, undefinierbare Kriegsgefangenenkost und überall Tüten und Taschen. Warum müssen die Menschen in Asien immer mindestens 14 Handgepäckstücke mitschleppen? Und warum bleiben sie nach der Landung nicht sitzen, bis die Maschine steht? Natürlich fallen alle im Gang übereinander, als der Kapitän bremst. Bekomme einen kleinen Kunstlederkoffer von oben ins Kreuz und einen älteren Chinesen auf den Schoß. Gedrängel beim Aussteigen. Und dann werden alle schlagartig langsamer, als sie das Vakuum der Flugzeughülle verlassen. Sieht aus, als hingen sie an unsichtbaren Gummiseilen. Und sie keuchen ziemlich. Sollten halt langsamer machen. Lhasa liegt 3650 Meter über dem Meeresspiegel, hier ist die Luft schon dünn. Alles funktioniert nur in Zeitlupe. Meine Reiseführerin Rigdsin hat mir gleich Tipps gegeben: ausruhen! Nur Leichtes essen! Bloß keinen Alkohol! Das Hotel ist wunderschön. Liegt direkt in der Altstadt und sieht aus, als sei es aus einem tibetischen Märchen gepurzelt. Und dieses Lhasa überrumpelt einen sowieso! Farben, Licht, Geräusche, Gerüche. Man wird auch gleich mitgerissen vom Strom der Menschen, die im Uhrzeigersinn um den Jokhang pilgern. Der Tempel ist Tibets Nationalheiligtum und macht Lhasa für den tibetischen Buddhisten so bedeutend wie für den frommen

Zum Glück sind da Pema und Nyima, zwei Frauen, die leise singend mit Kaffee und Tee hin- und herschweben. Ihre Gesichter sind von einer seltsamen Zeitlosigkeit.

Katholiken Rom, Lourdes und Oberammergau zusammen. Bin gleich zwei Runden mitgegangen zwischen den Pilgern. Manche lassen sich alle zwei Schritte auf den Boden fallen, rutschen eine Körperlänge nach vorne und liegen erneut auf dem Boden. Ich fand das normale Gehen schon anstrengend genug.

ZWEITER TAG: BLOSS KEINE EIER

Super geschlafen, beim Aufwachen allerdings völlig erledigt – als ob ich nach einer achttägigen Grippe das erste Mal auf den Beinen wäre. Dazu ziemliche Kopfschmerzen. Keinerlei Appetit, vor allem nicht auf Eier. Der Chef der Frühstücksraummannschaft fragt trotzdem etwa fünfmal in bellendem Befehlston nach: „Eggs! Sir! Eggs!" Offensichtlich ist das hier ziemlich ungewöhnlich, dass jemand morgens keine Eier will. Zum Glück sind da Pema und Nyima, zwei Frauen, die leise singend mit Kaffee und Tee hin- und herschweben. Ihre Gesichter sind von einer seltsamen Zeitlosigkeit. Man glaubt, in jahrtausendealte Dynastien zu blicken, wenn sie einen fragen, ob man noch eine Tasse möchte. Rigdsin holt mich ab, wir schauen uns den Norbulingka an, die Sommerresidenz des Dalai Lama, aus der er 1959 vor den Chinesen geflohen ist. In den Palast selbst darf man nicht, deswegen gehen wir im Garten spazieren. Mein Kopf möchte detonieren. Außerdem ist mir blümerant, weil ich weder die Eier noch sonst etwas zum Frühstück gegessen habe. Also brechen wir das Besichtigungsprogramm ab. Im Hotel lege ich mich ins Bett und werde erst vier Stunden später wieder wach. Jetzt tun auch Nacken und Schultern weh. Mir ist kalt. Ich zittere auch ganz komisch. Im Reiseführer steht, dass so etwas absolut üblich ist, wenn man ohne Akklimatisierung in dieser Höhe landet. Nach zwei oder drei Tagen sei es meistens vorbei. Im Schlafsack in die Sonne ans Fenster gesetzt und das Treiben vor dem Hotel beobachtet. Der kleine Hof ist durch ein gewaltiges Eisentor gesichert,

Auf 3650 Höhenmetern geht alles nur in Zeitlupe: Blick vom Jokhang-Tempel in der Altstadt Lhasas zum Potala-Palast.

Der 1300 Jahre alte Winterpalast des Dalai Lama ist die wichtigste Sehenswürdigkeit – gut besucht und in ewige Düsternis gehüllt.

das nur dann geöffnet wird, wenn der Fahrer eines wartenden Kleinbusses mindestens 17-mal laut gehupt hat. Dann bequemt sich der Torhüter aus seinem Stuhl und blökt den Fahrer an, was er denn wolle und wieso er hupe, worauf der Fahrer – jeder Fahrer – so etwas brüllt wie: „Ich muss Gäste abholen!" Beziehungsweise: „Ich bringe Gäste!" Worauf der Torwächter dann tatsächlich das Tor öffnet und sich der Stau aus Pilgern, Eselskarren und Militärpatrouillen hinter dem wartenden Kleinbus auflösen kann. Gehe zurück ins Bett, schlafe wieder ein und schlafe bis nachts, schlafe dann immer weiter.

DRITTER TAG: EINLULLENDE MANTRAS

Der Majordomus schmettert mir sein „Eggs? Sir? Eggs?" entgegen, als ich noch auf der Treppe bin. Keine Eier, bitte nicht. Zum Glück wird er von einer Touristin aus Sachsen abgelenkt, die ihm erklärt, was sie noch alles für ihre tibetische Gebetsecke zu Hause einkaufen muss. Ich knabbere an einem Toastbrot. Diese Kopfschmerzen bringen mich um. Rigdsin schaut etwas besorgt, als ich in die Lobby geschlurft komme. Aber morgen sei es bestimmt besser, sagt sie, und heute gehen wir auch nicht weit, nur bis zum Nonnenkloster Tsamkhung. „Nicht weit" ist in Lhasas Altstadt ein dehnbarer Begriff. Meist sind derart viele Menschen unterwegs, dass man sein Tempo nicht selbst bestimmen kann, sondern mitgeschoben wird. Außerdem kommt es alle 100 Meter zu beträchtlicher Rauchentwicklung, wenn die Pilger bündelweise Wacholderzweige in große, steinerne Verbrennungs-

öfen stopfen. Ihre Gebete steigen mit dem Rauch hinauf zu den Göttern, heißt es. Für die Kopfschmerzen ist er nicht gut, der Rauch. Offensichtlich sehe ich ziemlich mitgenommen aus, als wir im Kloster ankommen, jedenfalls werde ich von zwei kräftigen Nonnen untergehakt und auf ein freies Sitzkissen bugsiert. Dann beginnt das Mittagssingen. Außer mir ist noch eine alte Frau zu Gast, die eine Ziege am Halsband mitgebracht hat. Der Frau ist von ihrem Lama aufgetragen worden, für ihr Seelenheil ein Leben vor dem Schlachter zu retten. Auf dem Rückweg am Jokhang in der Sonne die Pilger betrachtet. Als mir schwindlig wird, setze ich mich auf die warmen Bodenplatten. 20 Sekunden später sind zwei Polizisten in Zivil da. Ich muss sofort aufstehen. Wahrscheinlich befürchten sie, ein auf dem Boden sit-

ckung: haltbar bis mindestens 2003. Nach dem Frühstück fahren wir ins Ganden-Kloster. Mein Fahrer heißt Tashi und hasst die Chinesen. Wenn irgendwo jemand eine Panne hat und winkt, fährt Tashi ganz langsam an den Hilfesuchenden heran, und wenn er sieht, dass es ein chinesischer Fahrer ist, lacht er laut auf und gibt Vollgas. Das Kloster liegt auf 4200 Metern, hier oben ist tiefer Winter. Draußen stürmt und schneit es, drinnen ist alles vom Qualm der Butterkerzen zugenebelt. Muss mich alle zehn Minuten setzen. Rigdsin scheint nun ernsthaft besorgt zu sein.

FÜNFTER TAG: SCHREIENDE MÖNCHE

Morgens vom Murmeln der Pilger und dem Rasseln ihrer Gebetsmühlen wach geworden. Etwas besser gefühlt. Beim Frühstück die Touristin aus Sachsen angeherrscht, die mir von ihrer Gebetsecke erzählen will. Eier barsch abgelehnt. Pema und Nyima summen zweistimmig. Vormittags kein Programm. Bringe die Kekse zurück und unterhalte mich mit dem Chef des „Whole World Supermarket Welcome" über den FC Barcelona. Später ins Kloster Sera, wo die Mönche gerade einen Diskussionsnachmittag im Innenhof abhalten und sich anschreien. Das Original-Kloster wurde wie Tausende andere auch von den Chinesen zerstört. Was vor ein paar Jahren rekonstruiert wurde, sieht auch fast schon wieder so aus, als stamme es aus dem 14. oder auch 11. Jahrhundert. Sonne, Sturm, Frost, der Sand, den der Wind zum Schmirgeln an die Mauern schickt – all das scheint dazu beizutragen, dass die Dinge schneller altern hier, die Dinge und die Menschen. So, wie ich mich fühle, trifft das auch auf Touristen zu.

SECHSTER TAG: EIER, BITTE!

Es scheint allmählich aufwärts zu gehen: dem „Eggs! Sir! Eggs!" beim Frühstück erstmals zugestimmt. Rigdsin ist hocherfreut: „Dann können wir heute zum Pota-

la!", ruft sie. Der Winterpalast des Dalai Lama ist die wichtigste Sehenswürdigkeit im ganzen Land, ein Klotz, eine Trutzburg, ein 999-Zimmer-Amtssitz auf einem Berg über der Stadt. Innen schieben einen Hunderte Mitbesucher durch immer neue Empfangszimmer, Höfe, Flure, Andachtsräume und Versammlungshallen. Alles ist in ewige Düsternis gehüllt. Ich entdecke einen jungen Mönch, der betend in einer Ecke sitzt. Als er glaubt, dass alle aus dem Raum sind, holt er ein Handy aus der Robe und spielt „Angry Birds". Rigdsin flüstert, dass die Räume hier videoüberwacht sind. Auf dem Vorplatz draußen werden Gespräche mit hochempfindlichen Richtmikrofonen belauscht. Hoffe, die waren heute eingeschaltet. Dann können die Behörden nämlich nachhören, was passiert, wenn ein Modemagazin ein Shooting vor dem heiligen Ort organisiert. Ältere tibetische Pilger können ziemlich laut schimpfen.

SIEBTER TAG: DIE RETTUNG

Der bislang schönste Tag der Reise! Morgens Eier, dann die Kinder von Pema und Nyima in die Schule gebracht. Anschließend lange bei einem Hutverkäufer in der Altstadt gesessen und ein passendes Exemplar gegen die Höhensonne erstanden. Zufällig eine der Nonnen aus dem Tsamkhung-Kloster getroffen, mit ihr zum Mittagssingen gegangen. In einem kleinen Café ein eiskaltes Lhasa-Bier getrunken und Chips geknabbert. Im Hotel dann einen Buttertee mit dem Torwächter getrunken. Ach so: Die Kopfschmerzen sind verschwunden. Der Frühstücksraumaufseher hatte mir einen Chiropraktiker empfohlen. Der gute Mann benötigte einen einzigen Ruck, bei dem es irgendwo im Nacken laut geknackst hat – die Schmerzen waren augenblicklich weg. War gar keine Höhenkrankheit. War der Kunstlederkoffer aus dem Handgepäckfach. Morgen geht's dann los mit der Rundreise. Aber eigentlich kenne ich Tibet schon.

zender Ausländer könnte der auslösende Moment für wochenlange gewalttätige Demonstrationen sein. Im „Whole World Supermarket Welcome" neben dem Hotel Wasservorräte und Kekse gekauft, auf die ich aus unerfindlichen Gründen Appetit habe. Bevor ich die Packung öffnen kann, schlafe ich ein.

VIERTER TAG: SCHNEE AM KLOSTER

Die halbe Nacht wach wegen der Drecks-Kopfschmerzen. Bei Höhenkrankheit dürfe man auf keinen Fall Medikamente nehmen, steht in meinen Reiseführern: Weil die den Schmerz lindern, merke man nicht, wenn es dann allmählich gefährlich werde, Lungenödem und so weiter. Keine Tablette also, stattdessen die Kekse. Schmecken sehr merkwürdig. Ich untersuche die Pa-

VON CHRISTIANE SCHLÖTZER

GETEILTE TELLER

Thessaloniki, die zweitgrößte Stadt Griechenlands, besinnt sich auf ihre Geschichte.
Sie ist Heimat vieler Kulturen. Das zeigt sich vor allem beim Essen.

Blick in eine ungewisse Zukunft.
Die Krise hat auch die Stadt hart getroffen.
Aber es kommen neue Gäste.

Der Dichter rührt in seinem Milchkaffee und schaut hinaus aufs Meer. „Das Klima", sagt Thomas Korovinis, „hat immer Einfluss auf die Kultur. Athen ist die Stadt des Lichts, Thessaloniki die des Nebels." Über dem Thermaischen Golf liegt der Dunst und wartet auf den nächsten Windstoß, der den Himmel wieder frei fegt. Ein wenig Blau lugt schon durch die Wolken. Die Lieblingsbar von Thomas Korovinis liegt an der Uferpromenade. Drinnen ist es laut, lebendig, warm. „Ich liebe Saloniki", schwärmt der Mann. „Es ist für mich die einzige Stadt mit dem Charakter einer Polis in Griechenland."

Die Polis, die mythische Stadt, in der sich die Kulturen begegnen. Konstantinopel, das heutige Istanbul, ist für viele Griechen immer noch die einzige Polis. Für Korovinis haben Istanbul und Thessaloniki, die nur eine Flugstunde voneinander entfernt sind, vieles gemeinsam. „Auch meine Stadt wurde von der Geschichte gequält", sagt Korovinis, „die Künste haben daher hier besondere Intensität."

Türken, Juden, Slawen, Griechen. So viele Kulturen haben Thessaloniki in seiner mehr als 2000-jährigen Geschichte geprägt. Die Stadt lag einst am Hauptverkehrsweg zwischen Ost- und Westrom, der Via Egnatia. Bis 1912 gehörte sie zum Osmanischen Reich. Das 20. Jahrhundert hat dann mit Krieg, Vertreibung und Holocaust das einstige „Jerusalem des Balkans" vernichtet. Und die Hellenisierung ließ später wenig Raum für die Erinnerung. Die vielen neuen Bürger – Griechen, die selbst Vertriebene waren, aus Kleinasien und vom Schwarzen Meer – hatten andere Probleme, als sich um das byzantinische oder osmanische Erbe zu kümmern. „Sie brachten ihre eigenen Kulturen mit", sagt Korovinis.

In jüngster Zeit aber wird die Geschichte wiederentdeckt, historische Bauten wurden restauriert. Flugverbindungen nach Istanbul gibt es nun täglich, und Direktflüge von Tel Aviv. Der seit zwei Jahren amtierende, parteilose Bürgermeister Giannis Boutaris, ein gelernter Winzer, ist selbst in die Türkei und nach Israel gereist und hat dort erzählt,

Die Juden Spaniens wurden vor 500 Jahren von den katholischen Königen vertrieben. Beim Sultan fanden sie Aufnahme und machten Saloniki zur größten sephardischen Stadt Europas.

dass die Vergangenheit nicht mehr tabu ist in seiner Stadt. Die neuen Gäste kommen schon, in großer Zahl sogar, und sie suchen nach den alten Wurzeln. Korovinis sagt: „An der Oberfläche siehst du nur die kleinen Fische, die großen schwimmen in der Tiefe." Das soll heißen: Wer Thessaloniki entdecken will, sollte seine Sinne schärfen. Damit lässt sich auch vergnüglich beginnen. In den Bars und Bäckereien, Imbissbuden und Ouzerien. Denn in den Küchen der Stadt haben Orient und Balkan schon lange ihren Frieden gemacht, auf Thessalonikis Tellern harmonieren die Kulturen aufs Köstlichste. „Wir sind in dieser Hinsicht sehr reich", sagt Korovinis.

Auf einmal hat es der Dichter eilig. Ins Café hat er eine neue Bratpfanne mitgebracht. Er will nach Hause. Kochen. Vorher gibt er noch den Rat, in jedem Fall den Kapani-Markt zu besuchen.

Von der Bar am Wasser ist es nicht weit zu den Marktstraßen, in denen sich das traditionelle orientalische Prinzip der Reihung bewahrt hat. Ein Fischverkäufer breitet seine Ware neben dem anderen aus, auch die Gemüsehändler konkurrieren mit ihren kunstvollen Aufbauten aus Tomaten, Kohl und Kartoffeln in engster Nachbarschaft. Je tiefer man in das Gassengewirr vordringt, desto spezieller wird das Angebot: Innerei-

en für die Kuttelsuppe Patsas, das Salzgemüse Tursu, Stockfisch.

Als etwas feiner galt einst der Einkauf in den benachbarten Modiano-Markthallen. Die sind dringend renovierungsbedürftig, viele Geschäfte schon geschlossen, und die Krise könnte dafür sorgen, dass es noch mehr werden. Der Name Modiano erinnert an eine der berühmten sephardischen Familien Thessalonikis.

Die Sephardim, die Juden Spaniens, wurden vor 500 Jahren von den katholischen Königen vertrieben. Beim Sultan fanden sie Aufnahme und machten Saloniki zur größten sephardischen Stadt Europas. Nur wenige Juden Salonikis haben den Vernichtungswahn der deutschen Besatzer überlebt. Und sehr wenige haben ihre Geschichte niedergeschrieben.

Nina Benroubi hat es getan. „Ich will, dass eine Stimme bleibt", sagt die alte Dame in elegantem Schwarz. Fast 90 Jahre ist sie alt, leicht gebückt. Sie tastet sich durch die große Wohnung, holt ihr Hochzeitsfoto und erzählt von dem spanischen Pass, den sie auch hatte. Der hat sie 1944 aus dem KZ Bergen-Belsen gerettet. „Ein Papier nur, so ein Wunder", sagt sie, als staune sie noch heute darüber, dass sie weiterleben durfte und über Barcelona und Gaza den Weg in ihre Heimatstadt zurückfand. Nicht nur ihre Erinnerungen hat Nina Benroubi notiert. Ihr berühmtestes Werk ist ein Kochbuch: „Die sephardische Küche Thessalonikis". Ihr Lieblingsgericht: Auberginen aus dem Ofen. „Stellen Sie die Auberginen-Röllchen aufrecht in die Reine, dann lassen sie sich später besser servieren." Sie habe aufgeschrieben, was ihre Mutter schon kochte, sagt Benroubi. „Den ganzen Tag war man damals in der Küche."

Die Namen vieler Süßspeisen erinnern an Osmanisches. Zum Beispiel Sotlach, ein süßer Milchreis. Sütlac heißt das heute in der Türkei. Nina Benroubi bringt ein dunkelrot gefärbtes Ei. Sie hat es mit Zwiebelschalen und einer Prise Kaffee stundenlang gekocht. „Eier im Ofen", sagt sie, „huevos enhaminados." Letzteres ist Ladino, ein altes Spanisch. In Restaurants werde der Name oft verballhornt – in huevos caminandos, wanderne Eier. „Unsere Kulturen sind doch eine Melange", meint Benroubi und lacht. Ihr Kochbuch ist längst vergriffen, aber immer wieder kommen Bewunderer und wollen die Autorin treffen.

Auch das Jüdische Museum von Thessaloniki hat eine Sparte für Kochrezepte auf seiner Webseite, und Nina Benroubi bedauert, dass es in Saloniki kein sephardisches Restaurant mehr gibt. Aber vielleicht kommt auch das bald wieder. Mit dem roten Ei als Wegzehrung schickt sie uns in ihr Lieblingslokal.

Clochard heißt es, und es ist auch an einem Wochentag gut besucht. Dass dies ein traditionsreicher Ort ist, erkennt man nach einer Renovierung nicht mehr. Die Wände tragen Graublau, wie die Seidenvorhänge. Den exquisiten weißen Malagousia empfiehlt die Önologin Maria Netsika. „Leichtes Grapefruit-Aroma und eine Note Basilikum", schmeckt die Expertin beim ersten Schluck. Die Griechin hat in Frankreich Weinbau studiert. Von dort kam auch das Wissen, das für die „Weinrevolution" in Griechenland sorgte, wie Netsika es nennt. Immer mehr Winzer setzen inzwischen auf Qualität statt auf billigen Retsina-Fusel. „In der Krise versuchen fast alle zu exportieren", sagt Netsika. Sie selbst organisiert nun Themen-Dinner und Gourmettouren. Die Krise macht kreativ. Darauf, dass der Staat hilft, wartet keiner mehr.

Nach einer Fischsuppe mit frischem Sellerie in klarer Brühe bestellt sie Frikassee. Das überrascht, weil es nichts mit dem französischen Vorbild gemein hat: Lamm mit Salatblättern in Eierzitronensoße. „Das hat man früher mit dem übrig gebliebenen Osterlamm gemacht." Heute gehört das Resteessen in die gehobene Küche.

Wer es schlichter haben will, aber nicht weniger köstlich, der kann eine Ouzeri besuchen und Mezes bestellen: eine Reihe kleiner Teller, die nach orientalischer Sitte in die Tischmitte kommen. Die einzelnen Portionen sind so klein, dass sie nie sättigen. Allein kann man eigentlich keine Mezes essen, weshalb diese Art des Genusses eine Pa-

Der Weiße Turm ist ein Wahrzeichen Thessalonikis – wie die Cafés und Restaurants der Stadt.

rea, eine Gemeinschaft, erfordert und schon wegen des Tellerherumreichens kommunikativ ist. Traditionell wird dazu Tsipouro gereicht, griechischer Grappa. Mit Krügen von Wasser. Der Vorteil: Man kann auch wenig bestellen und lange sitzen, was viele tun, die nicht mehr so viel Geld haben, aber aufs Ausgehen nicht verzichten wollen. Da reicht auch für einen großen Tisch ein wenig geräucherter Fisch, Fava (gelbes Bohnenmus), Chorta (grünes Wildgemüse) und Brot.

Fisch-Mezes isst man eher in der Nähe des Meeres, Fleisch in der Oberstadt, der Ano Poli. Jotta Polychronidou teilt die Stadt in kulinarische Quartiere. 15 Jahre lang hat die Tochter griechischer Gastarbeiter mit ihrem Mann in Dortmund ein Restaurant geführt. „Ich bin stolz, dass wir kein Gyros auf der Karte hatten", sagt sie. „Pita und Gyros, das ist ein griechischer Imbiss, in einem Restaurant würde das hier niemand essen." Saloniki ist für die Germanistin, Kochbuch-

autorin und TV-Köchin wegen der vielen Einflüsse zwischen Balkan und Byzanz „die kulinarische Hauptstadt Europas". Dabei gilt: Sag mir, wie du kochst, und ich weiß, woher du kommst. „Die Küche der Pontier in Thessaloniki ist immer noch sehr traditionell, sie ist wie die türkische oder die arabische eher wenig experimentierfreudig", sagt Polychronidou. Die Pontier wurden einst aus der Region um das heute türkische Trabzon vertrieben. In vielen Bürgerhäusern der Stadt war dagegen lange der französische Einfluss auch zu schmecken. „Da wurde mit viel Sahne und Butter gekocht." Athen, sagt Polychronidou, könne solche Vielfalt nicht bieten. Zudem sei das Ausgehen in der Hauptstadt immer noch viel teurer.

Letzteres ist nicht zu leugnen. In Thessaloniki, Griechenlands zweitgrößter Stadt, sind die Preise in vielen Restaurants – keineswegs in allen – eher moderat, und die Stimmung ist generell weniger aggressiv als in der Metropole. Aber die Krise hat auch die Stadt mit dem Blick auf den Olymp hart getroffen. Viele Geschäfte selbst im Zentrum sind zu. Und bewegt man sich weg aus der Stadtmitte und geht den Vasilis Olgas Boulevard entlang, wo die letzten Villen der berühmten jüdischen Familien stehen, dann muss man an vielen dunklen Schaufensterhöhlen vorbei.

Dazwischen haben sich Fastfood-Buden angesiedelt. Manche haben sich aus Plastikplanen Wintergärten auf den Gehsteig gezaubert, gewiss nicht ganz legal. Hier isst man „Vromika", zu Deutsch „Schmutziges". Dreckiges Essen ist damit nicht gemeint. Eher einfaches. Schweineflweisch-Souvlaki mit gerösteten scharfen Paprika, Pita oder Pommes. Balkan-Style.

An den Wochenenden sind auch die vielen Musikkneipen voll. In den Ladadika zum Beispiel. Das historische Häusergeviert wurde bereits restauriert, als Saloniki 1997 Europäische Kulturhauptstadt war. Thomas Korovinis, der Dichter, ist da jüngst als Sänger aufgetreten. „In einer Hommage an Istanbul", erzählt er. Auch in der Musik vermählen sich die Kulturen. Das ist eine andere Geschichte.

VON MONIKA MAIER-ALBANG

GÖTTER IM REGEN

In Japan gibt es uralte, lange Zeit ungenutzte Pilgerwege.
Seit der Reaktorkatastrophe
von Fukushima sind sie wieder beliebt.

*Mutprobe bei den Asketen:
In den Kii-Bergen unter-
ziehen sich die Anhänger
der Naturreligion
Shugendo uralten Ritutalen.*

Es gibt einen Spruch in den Kii-Bergen: „Wenn es regnet, sind die Götter unterwegs." Und die Gottheiten sind nicht nur zahlreich hier. Sie zeigen sich auch gerne.

Wieder also schüttet es die Nacht hindurch. Vor dem Fenster rumpelt ein wild gewordener Fluss, der Wind reißt an den Scheiben des Kamigoten Ryokan, einer Pension, die seit 29 Generationen von den Frauen derselben Familie geleitet wird. Einst beherbergte das Haus die Feudalherrscher der Gegend, die Entspannung in der heißen Quelle von Ryujin Onsen suchten. Eines der Zimmer des Lehensherrn ist erhöht: Niemand sollte den schlafenden Herrscher überragen, wenn er ausgestreckt am Boden lag, dort, wo heute Touristen nächtigen, mit dem Geruch der Tatami-Reisstrohmatten in der Nase. Schlafen wäre jetzt überhaupt eine feine Sache. Aber kaum legt sich der Sturm, knarzt der Lautsprecher, und ein Mitarbeiter der Stadtverwaltung teilt dem Dorf mit, welche Straßen gesperrt sind. Um halb vier am Morgen. Solche öffentlichen Durchsagen sind in Japan üblich. Wenn sonntags zur Dorfsäuberungsaktion aufgerufen wird. Wenn ein Herr Uoi seine Katze vermisst. Oder wenn die Natur wieder wild ist. Den Rest der Nacht unterbricht nur noch das Gejammer liebeshungriger Katzen.

Am Morgen sind sie weg, die Katzen und der Regen. Aus den bewaldeten Hängen steigen Nebelschwaden empor, die am Wasserfall Nachi no Otaki spektakuläre Formen annehmen. Eine Wolke, die aussieht wie ein Drache, windet sich aus dem grünen Steilhang, schwebt hinüber zu den Wassermassen, die 133 Meter hinabstürzen. Kaum berührt der Drache das Wasser, löst er sich auf. In dem Moment versteht man, warum Takagi Ryohei den Wasserfall einen „heiligen Ort" nennt.

Ryohei ist ein Yamabushi, ein „Bergasket", so übersetzt es Brad Towle, ein Kanadier, der seit 15 Jahren in Japan lebt und wie kein zweiter Ausländer die Kii-Berge kennt – und Herrn Ryohei. Der 62-jährige Ryohei ist Anhänger des Shugendo, der japanischen Naturreligion. Zugleich leitet er den

buddhistischen Tempel Seiganto-Ji, von dem aus man einen phantastischen Blick auf den Wasserfall hat. Die Trennlinien zwischen den Religionen, sie sind unscharf, zumindest heute wieder. Während der Meiji-Restauration Ende des 19., Anfang des 20. Jahrhunderts hatten die Herrscher eine klare Unterscheidung verlangt. Schreine wurden zerstört, die Naturverehrung wurde verboten. Dass die Asketen in den Kii-Bergen heute wieder ihre Rituale praktizieren, ist Takagi Ryohei zu verdanken. Vor 25 Jahren ist er die alten Pilgerwege abgegangen, hat Gebetsplätze und Stufen vom Moos befreit. Nun zieht er in die Berge, wann immer er kann, um zu meditieren. „Die Natur hat uns das Leben gegeben, von ihr bekommen wir Kraft", sagt Ryohei. Dass die Natur keine sanfte Heilige ist, wissen die Asketen nicht erst seit Fukushima oder dem Taifun, der im September 2011 hier im Gebirge Straßen und Hänge weggespült hat. Doch je unsanfter die Natur, umso größer ist für die Yamabushi der Reiz, sich mit ihr zu messen. Im Januar etwa legt sich Ryohei für gewöhnlich ins zwei Grad kalte Wasser der Nachi-Fälle. „Das macht mich stärker."

Die alten Pilgerwege. Sie führen durch dampfende, sattgrüne Wälder, deren Bäume Flechten tragen. Der Boden steht voller Farne, durch die sich Frösche ihren Weg zum nächsten Reisfeld bahnen. Wenn die Sonne hervorkommt, schneiden ihre Strahlen wie Schwerter ins Halbdunkel des Waldes. Von solchen Wegen gibt es unzählige in den bis zu 2000 Meter hohen, oft steil aufragenden Kii-Bergen: die Wege der Yamabushi. Die Wege der Wallfahrer zu den drei zentralen Shinto-Schreinen Kumano Hongu-Taisha, Kumano Hayatama-Taisha, Kumano Nachi-Taisha und ihren dort verwahrten Geistern, den Kami. Die Wege, die die buddhistischen Mönche früher im Frühling hinauf nach Koyasan gegangen sind, in ihre Tempelstadt, die sie im Winter verlassen mussten, weil die Fenster aus Papier waren und es keine Heizung gab.

Seit 2004 ist der Kumano Kodo, jenes Netzwerk von Pilgerrouten, das sich durch die Kii-Berge zieht, Weltkulturerbe. Auf

Englisch beschildert ist er allerdings erst seit wenigen Jahren, als man eine Partnerschaft mit dem spanischen Jakobsweg eingegangen ist. Brad Towle hat dafür gesorgt, dass es gute Karten gibt. Nur spontane Besucher schätzten die Gastgeber nicht, sagt er. Denn die Besitzer der meist familiär geführten Pensionen verwenden Stunden darauf, das Abendessen zuzubereiten: Fisch und Nudeln, Gemüse und Tofu, Shabu Shabu, den japanischen Eintopf zum Selbermachen. „Einem Überraschungsgast nur eine Schüssel Reis vorsetzen zu können, das ist gegen ihre Ehre", sagt Towle.

Entlang der Pilgerrouten liegen Dörfer und heiße Quellen, die das Wandern besonders reizvoll machen. Viele Pensionen haben ihr eigenes Onsen-Bad. In manchen Quellen legt sich das mineralhaltige Wasser wie Seidenpapier um die Haut. Andere, wie der Yunomine-Onsen, riechen nach Schwefel. Die Dorfbewohner garen trotzdem Bambus und Süßkartoffeln in dem Wasser, das mit 90 Grad aus der Erde steigt. Die Läden nebenan verkaufen frische Eier samt Salz im Plastikbeutel, das Yoko Kuroda lachend über ihr – inzwischen gekochtes – Ei schüttet. Mit ihrer Freundin ist die 22-Jährige aus der Nachbarpräfektur angereist. Eine Verwandte sei schwer erkrankt, erzählt Kuroda. Bevor sie zum Picknick an die Quelle gegangen ist, hat sie im Schrein gebetet.

Es sind vor allem junge Frauen aus den Städten, die es seit Fukushima vermehrt in die Kii-Berge zieht. Katsu Ueno ist das aufgefallen, dem muskelbepackten Yamabushi, der die meiste Zeit damit verbringt, Bergbäche im Kajak zu durchpflügen. Wenn er zahlende Gäste mit in die Berge nimmt, bricht er meist um zwei Uhr morgens auf, um den Sonnenaufgang nicht zu verpassen. Die jungen Gäste „suchen bei uns das ursprüngliche Japan", sagt Katsu Ueno. Die Städter in Japan, sie sprächen von Kraftorten. „Ein Modewort", meint Ueno lachend – für etwas, das er anders definiert. Für ihn sind die Berge göttliche Wesen. Weibliche übrigens.

Die Natur, sie zerstört. Die Natur, sie verspricht Heilung. Wie geht das zusammen in einer Welt, die für viele Japaner mit dem

Die Wege der Yamabushi führen durch
sattgrüne, dampfende Wälder.
Heute gehen auch Touristen auf diesen
Pilgerpfaden – meist mit festerem Schuhwerk.

Reaktorunfall von Fukushima aus den Fugen geraten ist? „Dass Atomkraft sicher ist, haben wir schon in der Schule gelernt", sagt Ueno. „Wir hatten nie daran gezweifelt." Nach der Katastrophe half er bei den Aufräumarbeiten im Norden, und es freut ihn, dass in Japan langsam eine Anti-Atomkraft-Bewegung entsteht. Die Regierung, einst fest in der Hand der Atomlobby, fördert nun Geothermie-Projekte, und die Japaner denken darüber nach, wie sie Energie sparen können – zum Beispiel, indem man die allgegenwärtigen Getränkeautomaten abstellt.

Dass Europäer oder Australier tagelang durch ihre Berge pilgern, ist für die meisten Japaner gleichwohl Luxus. Sie kommen kurz an die Tempel, übers Wochenende zumeist. Mehr als eine Woche Urlaub im Jahr gönnen sich wenige. Wer hier an Karoshi, der Überarbeitung, stirbt, darf allerdings damit rechnen, dass seine Asche auf dem Friedhof von Koyasan einen Platz findet. Die großen Firmen des Landes haben sich in der auf einem Hochplateau gelegenen Tempelstadt Denkmäler gesetzt. Nissan und Panasonic sind mit Firmenemblem vertreten, eine Coffeeshop-Company hat eine steinerne

Kaffeetasse aufstellen lassen, weiß außen, braun innen. 117 Tempel gibt es in Koyasan, 52 davon vermieten Zimmer an Touristen, die Koyasan besichtigen oder an Zeremonien teilnehmen wollen. Für die Tempel ist das eine wichtige Einnahmequelle, sie sind alle in Privatbesitz. Im Muryokoin kann man jeden Morgen einem Feuerritual zusehen, eineinhalb Stunden lang, bei dem der Rauch den Raum füllt. Die Zimmer haben Blick auf einen Goldfischteich und ein künstliches trockenes Flussbett. Wilde Natur gibt es draußen ja genug.

Die Japaner rücken in Reisegruppen-Stärke in Koyasan an, sie laufen über den Friedhof, kaufen Amulette gegen Brustkrebs und wunde Füße, für Sicherheit im Straßenverkehr oder für Anglerglück. Am Ende trifft man sich unter der Wunderpinie mit den dreigliedrigen Nadeln. Frau Takizawa findet gleich vier abgefallene Nadeln in der Wiese und steckt sie in ihren Geldbeutel. Das soll Glück bringen. „Fürs nächste Lotto-Spiel", sagt die Seniorin. Religion ist für viele Japaner eine gute Sache – wenn sie im Diesseits hilft. Und der Gang zum Tempel, er gehört eben dazu, wenn man im

Kollektiv lebt und denkt. Die Vorstellung, dass man alleine pilgert, um zu sich selbst zu finden, war vielen Japanern fremd. Aber auch das ändert sich gerade.

Keisuke Kusaka ist 21. Er trägt Nike-Turnschuhe zum traditionell weißen Pilgerhemd, in dem die Menschen sich früher bestatten ließen. Im Rucksack steckt sein Pilgerstab, den er nicht mehr benutzen kann, weil er um 40 Zentimeter kürzer geworden ist seit Kusakas Aufbruch vor zwei Monaten. Keisuke Kusaka hatte die Schule beendet, dann ging er los, um, wie er sagt, „meinen Lebensweg zu finden". Mal schläft er unter Bäumen, mal unter dem Dachvorsprung eines der zahlreichen kleinen Schreine, die es entlang der Wege gibt. Seine Freunde hätten ihn nicht belächelt, erzählt Kusaka. Und bei den Älteren glaubt er ab und an eine Sehnsucht zu spüren, es ihm gleichtun zu können. „Nutze die Chance", habe er sich gesagt und die Entscheidung keinen Tag bereut. „Es ist schön, unterwegs so viele Menschen zu treffen. Und ich genieße die Natur." Nur eines wisse er nicht, sagt Kusaka. „Ob ich mich schon verändert habe." Aber der Anstieg nach Koyasan liegt ja auch noch vor ihm.

VON KARIN STEINBERGER

ES WERDE LICHT

Indiens heilige Feste sind Treffpunkte der Babas.
Wer hier nicht den Weg zur Erleuchtung findet, hat ihn wenigstens gesucht.

*Sie tratschen, kiffen, besprechen Glaubensfragen
und ordnen ihre Hierarchien neu: Zur Kumbh Mela kommen die
heiligen Männer aus ihren Höhlen und Einsiedeleien.*

In Indien fängt früher oder später jeder an, sich selbst zu suchen. Indien scheint ein Ort zu sein, an dem man das tun muss. Die Beatles in Rishikesh, Madonna in Varanasi, die norwegische Kronprinzessin Mette-Marit hoch oben in Leh, die Hippies in Goa. Nicht jeder findet sich. Ein paar von denen, die sich bei der Suche nach sich selbst irgendwie verrannt haben, hopsen noch immer an den Stränden von Goa herum. Leergekifft, mit Gesichtern aus einem anderen Material.

Ist auch ein Weg. Vielleicht nicht mal der dümmste. Man kann sich natürlich auch im Büro bis zum Burn-out aufarbeiten. Oder am eigenen Ehrgeiz zerbrechen. Die Zahl der Wege ist unendlich.

Es gibt keine Regeln auf dem Weg zu sich selbst. Nicht in Indien. Schon gar nicht für die Heiligen. Sie können eines Tages beschließen, eine Hand so viele Jahre in die Luft zu strecken, bis sie am lebendigen Leib verdorrt. Sie können schweigen, die Götter beschimpfen, jahrelang stehen, keusch leben oder nur Fleisch essen. Jeder Heilige kennt seinen Weg zu Gott, zur Erleuchtung. Es gibt Babas, die nackt im ewigen Eis leben, andere, die in Palästen prassen, fett wie Buddhastatuen. Die Aghoris trinken aus menschlichen Totenschädeln, andere hängen sich 70 Kilo schwere Steine an den Penis. Man kann das Feuer verehren oder einen der 30 Millionen Lingams, die in Indien herumstehen. Jeder muss tun, was er tun muss.

Manchmal reicht es aber auch, sich zu einem der Heiligen zu setzen. Es gibt eben keine Regeln. Schon gar keine guten Ratschläge auf dem Weg zum eigenen Ich.

Kadeshwari Mauni Baba hat sowieso keine. Er redet nicht.

Er steht einfach nur da im Getöse der Kumbh Mela in Nashik, an den Ufern des Godavari. Kein Wort, kein Blick, ein paar Bananen liegen zu seinen Füßen, daneben steht eine Kanne Tee. Es gießt in Strömen, der Weg vor ihm ist Schlamm. Sein Körper ist in ein weißes Laken gewickelt. Jemand hat eine Plastikplane unter ihn gelegt und eine über ihn gespannt. Sein Gewand ist ohne Flecken. Allein das: ein Wunder.

Die Inder lieben ihre Babas, sie füttern sie, verehren sie, beschwatzen sie, sie berühren ihre Füße, tragen ihre Sorgen zu ihnen und ihre kranken Kinder. Babas sind Repräsentanten der Götter auf Erden, eine Art Verbindungsbüro zwischen der individuellen Seele und dem Absoluten. Ihnen

traut man alles zu, Wunder, Übermensch-
liches. Es kann nicht schaden, ihnen zu
huldigen und Essen zu bringen. Almosen,
von denen die meisten Babas leben, wenn
sie nicht gigantische Ashrams eröffnen und
das Geld in größerem Stil einsammeln.

„Divine madness" nennen die Inder den
Wahnsinn ihrer Babas. Sie wissen, man
muss offen sein, neugierig, dann nehmen
sie einen kurz mit auf ihre Reise. Wenn
man Glück hat, landet man an Orten, die
man nicht kannte. Von denen man noch
nicht mal wusste. Tief in sich drinnen.

Kadeshwari Mauni Baba steht in der
Straße der Babas, die Fremde oft die „freak
show" nennen. Weil sie gerne urteilen, viel
zu schnell. Die schlammigen Wege sind
voller Babas und Mahants, voller Asketen,

**Eine Frau kniet vor
Kadeshwari Mauni Baba
nieder, will die Stirn
ihres Kindes auf seine
nackten Füße drücken.
Er hebt seineHand,
sein Diener sagt:
„Fass' ihn nicht an."**

Sannyasins, Yogis und Gurus. Hunderte,
Tausende. Geballte Heiligkeit. Die Kumbh
Melas sind ihre Zeiteinheit. Sie tratschen,
kiffen, besprechen Glaubensfragen, ordnen ihre Hierarchien neu. Sie beginnen ihre
Prüfungen oder beenden sie hier. Sie zeigen
asketische Kunststücke und geifern über
die Kunststücke der anderen. Sie streiten
und besuchen sich in ihren Zelten, die Bett
sind und Büro und Audienzzimmer.

Ein paar Jahre ist die letzte Kumbh Mela
her. Jahre, in denen jeder seinen Weg ging.
Aber jetzt haben Jupiter, Sonne und Mond
wieder die heilige, vielversprechende Kon-
stellation. Es sind aufwendig errechne-
te Termine, an denen die Kumbh Melas
stattfinden. Dazu kommen die Heiligen
aus ihren Höhlen und Einsiedeleien, aus

immer die Ersten, die in das heilige Wasser eintauchen dürfen. Es ist friedlicher so.

Eine Frau kniet vor Kadeshwari Mauni Baba nieder, will die Stirn ihres Kindes auf seine nackten Füße drücken. Er hebt seine Hand, sein Chela sagt: „Fass' ihn nicht an."

Jeder Baba hat einen Diener. Es sind die Groupies der Heiligen. Die Frau stellt eine kleine Schüssel voller Milch auf die Plane, der Chela gibt ihr ein paar Brocken heilige Speise, Zucker mit Nüssen, drängt sie weiter. So geht es den ganzen Tag, manchmal drängeln sich die Pilger an Kadeshwari Mauni Babas Plane, manchmal sind die Naga Babas neben ihm so aufgedreht, dass bei ihm der Andrang nachlässt. Der Milchmann gegenüber sagt, kein Baba arbeitet so hart wie dieser Baba. Dann lässt er ihm ein Glas Milch reichen.

Seit zwölf Jahren steht Kadeshwari Mauni Baba. Seit wann er schweigt, weiß niemand. Er hat es so beschlossen vor vielen Jahren, hat die Eltern verlassen, seinen Geburtsort vergessen und sein zweites Leben als Heiliger begonnen. Er hat sich von seinem Guru einen neuen Namen geben und ein Mantra ins Ohr flüstern lassen. Niemand hier fragt nach dem Grund für seine Prüfungen. Niemand fragt, wie alt er ist. Es spielt keine Rolle.

Nur ein paar Ausländer fragen. Kadeshwari Mauni Baba schweigt, sein Chela schweigt. Er räumt Babas Audienzzimmer auf – zwei mal zwei Meter, eine Plane, ein Feuer, an einem Baum ist ein kleiner, tragbarer Schrein festgemacht, eine Schlaufe aus orangenem Tuch hängt von einem Ast herunter. Sein Leben hat Kadeshwari Mauni Baba in ein paar Tüten gepackt.

Die Ausländer gehen weiter, reden über den heiligen Nepp und die falschen Babas, über den besten Mango Lassi in Nashik und die absurden Taxipreise.

Am Anfang der Zeit, als das Universum ein Ozean aus purer Milch war, kamen Götter und Dämonen auf die Idee, das Gebräu durchzumischen. Die Legende vom „Quirlen des Milchozeans" ist lang und kompliziert, eine Schlange kommt darin vor und ein Berg. Am Ende ist ein Krug voll mit dem Nektar der Unsterblichkeit – Amrita. Es kommt zu einem Gerangel, und vier Tropfen schwappen auf die Erde: in Allahabad, in Ujjain, in Haridwar und in Nashik.

Es regnet, seit Stunden schon. Die Naga Babas schlafen, ihre Köpfe liegen auf ihren schweren, meterlangen, heiligen Haartürmen, Zeichen jahrelanger Asketenkarrieren, Sitz yogischer Kräfte, kunstvoll aufgerollt und wunderbar als Kissen zu nutzen. Kadeshwari Mauni Baba steht und schaut aus rotunterlaufenen Augen in den Regen. Vorbei am Milchmann, am Regen, am Chela, an all den Heiligen. Es ist ein Blick ohne Ziel. Denkt man.

Plötzlich deutet Kadeshwari Mauni Baba auf die Kanne mit Tee. Erst versteht man gar nicht. Was will er? Der Chela hilft, sagt, man soll sich setzen. Also setzt man sich zu Füßen von Kadeshwari Mauni Baba. Er riecht nach Waschmittel.

Sein Körper ist jung, aber seine Füße haben ein anderes Alter. Aus der Nähe sehen sie aus wie aus Stein geschlagen. Die Haut an den Waden ist dunkel und gespannt wie Pergament. In einer seiner Tüten hat er eine Salbe gegen die Schmerzen. Es ist Regenzeit, jetzt fangen die Insekten an zu leben unter seiner Pergamenthaut.

Kadeshwari Mauni Baba lächelt und schaut herunter auf die Füße und den Gast, segnet, trinkt Milch. Er nickt, als es Zeit ist zum Schlafengehen. Sein Chela sagt, wenn etwas zu sagen ist. An diesem Tag sind es drei Sätze. Sonst hört man nur den Regen auf das Plastik prasseln. Stunde um Stunde.

Am nächsten Morgen ist es bitterkalt. Kadeshwari Mauni Baba lässt Tee machen. Er schiebt die Tüten zur Seite, als wäre der Platz für keinen anderen bestimmt. Dann sitzt man wieder neben seinen bläulichen Zehen. Er schmiert sein Gesicht mit gelber Paste ein, auf die Stirn malt er eine mächtige Tilak – das dritte Auge. Er macht sich fertig für die Arbeit. An diesem Tag spricht der Chela einen Satz. Der Milchmann von gegenüber lässt zwei Gläser Milch reichen.

Am fünften Tag schreibt der heilige Mann auf einen Zettel: Kadeshwari Mauni Baba. Mehr ist nicht zu sagen.

ihren Palästen und Ashrams, um ein Bad zu nehmen an diesem Ort zu dieser Zeit, wenn sich die verdreckten Flüsse in puren Nektar verwandeln. Das Baden in diesem Wasser ist eine Abkürzung ins Nirwana.

Kadeshwari Mauni Baba steht da, bewegungslos, sprachlos. Wenn ihm das Gewusel zu seinen Füßen zu viel wird, schickt er die Menschen weg, mit einem Zischen. Neben ihm sitzen ein paar Naga Babas auf einer Plastikplane, die Hells Angels unter den Sadhus. Nackt wie Shiva liegen sie herum, die Körper mit heiliger Asche beschmiert. Sie sind launisch, aufbrausend und ziemlich bekifft. Es gibt Menschen, die glauben, dass sie mit ihren Blicken töten können. Was nicht schadet, wenn man sich die Leute vom Leib halten will. Sie sind

VON BERND KASTNER

MITTEN INS HERZ

Der Radweg „Eiserner Vorhang" verbindet die Barentssee mit dem Schwarzen Meer.
Der Streckenabschnitt entlang der ehemaligen innerdeutschen Grenze
führt direkt zurück in die jüngere Geschichte.
Und zu Menschen, die versuchen, das Beste daraus zu machen.

War da was?
Manchmal muss man schon genau
hinschauen, um den Übergang
von Hessen nach Thüringen
zu erkennen.

Auf dem Fahrrad kommt man an historischen Orten vorbei, an Wachtürmen, Trabis, Grenzsteinen und Gedenkstätten wie dem Point Alpha mit seiner Hunde-Attrappe. Hier haben die Amerikaner im Ernstfall mit einem Angriff von DDR-Gebiet aus gerechnet.

Gleich wird man die falsche Abzweigung nehmen im Wald. Wird sich verfahren in diesem engen, düsteren Tal mit dem kleinen Bach und dann so steil nach oben treten müssen, dass es für das Etappenziel an diesem Abend nicht mehr reicht. Nur gut, dass das jetzt nicht zu ahnen ist, sonst hätte man den jungen Wanderer auf der Bank links liegen gelassen. Der Schweiß klebt einem die Finger an den Lenker, der Handrücken schmeckt salzig – und Denny Hausig sitzt ganz entspannt da, den Rucksack neben sich gelehnt. Er lächelt, und er erzählt. Dass er in Hirschberg gestartet und auf dem Weg an die Ostsee ist. Zu Fuß, mit Zelt, viele Hundert Kilometer. Einige Blasen hat er sich schon gelaufen, der Regen hat ihn ein paar Mal durchnässt in der

vergangenen Woche, aber jetzt scheint die Sonne, und er hat heute nur noch die paar Kilometer vor sich bis Probstzella. Also Zeit für eine Pause auf dem ehemaligen Todesstreifen.

Die frühere innerdeutsche Grenze ist der Vergangenheit längst entwachsen, hat sich entwickelt zu einem grünen Band, und auf diesem will der junge Mann aus Brandenburg wandern. Einfach so. 22 Jahre alt ist er, geboren als DDR-Kind, aber fünf Wochen später ist die Mauer gefallen. Seine Ausbildung zum Landschaftsgärtner hat er gerade abgeschlossen, und ehe er in den Beruf startet, will er noch mal etwas erleben, etwas Besonderes. Die Natur und auch die Einsamkeit.

Das tut jeder Reisende hier, denn wo einst Grenzsoldaten patrouillierten, ist heute

– fast nichts mehr. Und so fährt auch der Radfahrer durch Dörfer und Städtchen, die nicht gerade pulsieren. Der Europa-Radweg „Eiserner Vorhang" dürfte die längste und die geschichtsträchtigste Veloroute des Kontinents sein. Sie beginnt an der Barentssee und führt bis ans Schwarze Meer. Michael Cramer, der Europaabgeordnete der Grünen aus Berlin, hat die Tour zusam-

Es regnet. Da ist der Bahnhof in Hünfeld erst recht ein bedrückender Ort, das Wasser stürzt vom kaputten Bahnsteigdach die Treppe hinab. Und dann ist da unten, in einer fleckigen Ecke, dieses Schild. „Gedenke der Toten. Am 21. November 1944 starben in dieser Bahnsteigunterführung durch Bombenangriffe 61 Menschen." So beginnt sie, die Reise durch die deutsche Vergangenheit.

Hoch über dem Städtchen Geisa ist ein Ort, für den man sich nicht schämen muss, im Gegenteil. Point Alpha heißt er, von hier haben die Amerikaner jahrzehntelang das Fulda Gap überwacht. Jene Stelle, an der die Nato mit einem Vorstoß des Warschauer Paktes gerechnet hat im Falle des Falles, weil hier ein Zipfel DDR weit nach Westen ragte. Von hier wäre es nicht weit gewesen in die Zentren des Südens. Das erklärt Henning Pietzsch, während er durch die kleine Ausstellung führt im „Haus auf der Grenze". Dort haben sie auf wenigen Quadratmetern DDR-Militärfahrzeuge drapiert, einen Grenzzaun aufgebaut und einen Selbstschussapparat drangehängt. Bald wollen sie die Ausstellung neu konzipieren, moderner gestalten. Der alte Kolonnenweg führt mitten durch das Gebäude, und die paar hundert Meter bis zum ehemaligen US-Camp verläuft ein Weg, der gesäumt ist von Zäunen und Barrikaden, eine Wachhund-Attrappe hängt an der Leine. Das alles ist rekonstruiert, aber der Wachturm ist noch original, er dient einem Mobilfunkanbieter als Handymast. Recycelte Geschichte an einem Ort mit wunderbarer Aussicht auf das Hessische Kegelspiel, die Vulkankuppen der Rhön.

Dass Point Alpha erhalten blieb, ist bürgerschaftlichem Engagement zu verdanken. Nachdem das Camp jahrelang als Unterkunft für Asylbewerber genutzt worden war, sollte es eigentlich abgerissen werden. Entstanden ist stattdessen eine Stiftung samt Akademie, die Seminare und Fortbildungen veranstaltet, zum Gestern und zur Zukunft. Henning Pietzsch ist erst vor ein paar Monaten von Berlin nach Geisa gekommen, an eine verschwundene Grenze, die sein Leben prägte. 1988 hat er sie überschritten, ganz legal. Jah-

relang war er davor in der Kirchenbewegung aktiv gewesen, in Jena, er hat gekämpft für ein bisschen Demokratie in seiner Heimat, aber irgendwann ging es eher rückwärts als vorwärts, das Land war gelähmt. Er hat einen Ausreiseantrag gestellt, schweren Herzens, und sie haben ihn tatsächlich bald gehen lassen. Im Jahr darauf war dann alles offen.

Jetzt hat er sein Büro unten in Geisa, im ehemaligen Schloss. Im alten Kern des Städtchens stehen Läden leer, sie haben hier wie überall zu kämpfen entlang der ehemaligen Zonengrenze, wo sich die Orte rausgeputzt haben, aber auffällig leblos wirken. Neben dem Schloss, im alten Amtsgericht, ist das Gästehaus der Point-Alpha-Akademie, vorzüglich restauriert und so neu, dass sie noch gar keinen Fahrradschuppen haben. Macht nichts, das Personal ist hilfsbereit und bittet, das Velo in die Stuhl- und Wäschekammer neben der Rezeption zu schieben. So vornehm kann Improvisation sein.

Tags darauf verlieren sich die runden Rhönberge im Weiß der Wolken. Noch führt die Route gemütlich auf einer ehemaligen Bahntrasse – bis 1952 verkehrten Züge durchs Ulstertal. Mystisch wirkt die Landschaft und so rätselhaft wie diese Grenze heute, mit dem Abstand von zwei Jahrzehnten betrachtet. War da mal etwas? Kaum vorstellbar. Den Übergang von Hessen nach Thüringen erkennt man zunächst nur am Straßenbelag, weil er im Osten oft noch sehr neu ist. Ein großes Schild weist auf die unsichtbare Sehenswürdigkeit hin: „Hier waren Deutschland und Europa bis zum 8. Dezember 1989 um 14 Uhr geteilt."

Die Tafeln und Gedenkstellen entlang der Route fügen sich zu einem Mosaik deutsch-deutscher Geschichte. Da sind die geschleiften Höfe und Dörfer entlang der Grenze: der Fischerhof bei Borsch zum Beispiel (1954 niedergerissen) oder Langwinden (1972 ausgelöscht, Bewohner umgesiedelt). Da ist das Schicksal des westdeutschen Grenzers Gerd Palzer, der 1952 zwischen Willmars und Stedtlingen von Ost-Grenzern erschossen wurde. Da ist Leutnant Rolf Molter, dem 1984 bei

mengestellt und drei Radreiseführer dazu verfasst, außerdem noch einen zum Mauer-Weg rund um die Hauptstadt. Man bräuchte Monate, um alles abzuradeln, aber, immerhin, einen kleinen Eindruck bekommt man auch in der Mitte Deutschlands. In der Grenzregion von Hessen und Bayern, Thüringen und Sachsen, auf der Strecke zwischen Point Alpha und Mödlareuth. In vier Tagen ist sie zu schaffen, aber nur, wenn man zwischendurch in den Zug steigt. Flach ist anderswo. Selbst wer die Anstiege der Alpen gewöhnt ist, sollte sich nicht zu leichtfertig entspannt nach Hünfeld aufmachen. In das hessische Städtchen fährt die Bahn, was praktisch ist, aber wer keinen der raren Rad-Stellplätze im Intercity ergattert, braucht etwa von München aus sieben Stunden, viermal Umsteigen inklusive.

Spechtsbrunn die Flucht nach Bayern gelang. Am Rand von Heinersdorf stehen noch ein Stück Mauer und eine 1980 errichtete Sperre im Leutenbach. Am Rennsteig, dem berühmten Thüringer Wanderweg, findet sich auf einer Tafel eine Warnung der Landrätin aus der Gegenwart: „Leider kann nicht ausgeschlossen werden, dass sich trotz Räumung noch einzelne Minen im ehemaligen Grenzbereich befinden."

Hinter Hilders ist Schluss mit gemütlich. Dem ersten heftigen Anstieg werden viele weitere folgen. Hat sich bis ins deutsche Mittelgebirge noch nicht herumgesprochen, dass man Straßen und Wege auch in Serpentinen bauen kann? Sie bevorzugen hier den direkten Weg, rauf, runter. Macht Spaß, macht Muskeln, muss man aber mögen. Und selbst wer mag, darf mal fluchen, am Abend, nach 80 Kilometern Rhön-Radeln und zwei Stunden Bahnfahrt. Dabei war doch klar, dass ein Gasthaus, das „Zur Hohen Sonne" heißt und in Sonneberg zu finden ist, weit oben liegen muss. Und so geht es, während die Sonne untergeht, vom Bahnhof aus hinauf, kilometerweit, mit gefühlten 15 Prozent Steigung. Oben angekommen, schaut der Wirt mit großen Augen. Was? Abendessen? Um diese Zeit noch? Es ist neun. Seine Frau erbarmt sich dann doch und wirft den Herd an. Am Nebentisch sitzen Kartenspieler, der Wirt schaut ihnen zu. Es sind seine einzigen Gäste, sie wohnen hier oben.

Beim Frühstück erzählen Roswitha und Joachim Schmeiduch, die Wirtsleute, dass nichts mehr los sei bei ihnen im Lokal. Seit 30 Jahren haben sie das Haus. Was war das früher für ein Leben hier! In der Vorzeit, als die Bayern im kleinen Grenzverkehr rübergekommen sind und für 2,80 Mark Schnitzel bestellt haben, und auch die Klöße von Frau Schmeiduch gingen weg wie nix.

40 Kilometer Umweg haben die Gäste aus dem Westen in Kauf genommen, Grenzübergänge gab es ja nicht viele, und 1990 „haben sie uns überrannt". Eine D-Mark ließ sich in zehn DDR-Mark verwandeln, die Ost-Schnitzel waren die billigsten der Welt. Doch dann kam die Westmark, und

Führt der Weg in den Wald, ist Vorsicht geboten, so genau sind die Karten nicht: Wenn keine Wegweiser vorhanden sind oder zu viele eherVerwirrung stiften, hilft nur Ausprobieren.

die Westdeutschen sind woanders hingefahren, die Ostdeutschen sowieso. So wurde es Jahr für Jahr magerer, erzählen die beiden und kommen ins Hadern. Freiheit, okay, aber gut ist nicht alles in der neuen Zeit. Herr Schmeiduch macht inzwischen selber Holz, um das teure Gas zu sparen. Ein Stammtisch nur ist ihm geblieben, es sind die Kartenspieler. „Wir kommen gerade so über die Runden."

Es hupt. Ein Lieferwagen stoppt, öffnet seine Klappe, „Land- und Bauernbrot" steht darauf. Ein paar Minuten später fährt er weiter. Mobil muss sein, wer entlang der innerdeutschen Narbe überleben will mit seinem Geschäft. Das gilt für Bäcker und Metzger, sogar Haltestellen für den mobilen Friseur gibt es.

Grenz-Radler kommen an Michael Cramers Bikeline-Büchern mit ihren insgesamt 665 Seiten kaum vorbei. Der Autor weist auf unzählige historische Orte am Streckenrand hin, traurige, deutsche Orte sind es teils, wie die Gedenkstätte Laura, östlich von Ludwigstadt. Laura war ein Außenlager des Konzentrationslagers Buchenwald, es ist eine schlichte Gedenkstätte, würdig gestaltet, eine Erinnerung auch daran, dass die DDR nicht aus dem Nichts entstanden ist.

Cramers Route durch die Mitte Deutschlands ist alles andere als überlaufen, sie ist wie geschaffen für Genießer der Einsamkeit. Eine durchgängige Beschilderung würde man ihr und den Radlern wünschen, aber so etwas ist aufwendig, dauert und kostet vor allem. Die Route wechselt ständig von Ost nach West und zurück, meist auf Radwegen oder kleinen, ruhigen Straßen. Führt der Weg in den Wald, ist Vorsicht geboten, so genau sind die Karten nicht: Wenn keine Wegweiser vorhanden sind oder zu viele eher Verwirrung stiften und dazu keine ortskundigen Menschen vorbeikommen, die der ratlose Radler fragen könnte, hilft nur Ausprobieren. Und die Flexibilität, spontan ein neues Quartier zu suchen, wenn der Versuch ins Nichts führt und der Abend naht.

Wie interessant Verirrungen sein können, sieht man in Lehesten, einer sehr grauen

*Gras wächst über so einiges an der ehemaligen innerdeutschen
Grenze. Aber manche Wunden bleiben.
Mobil muss sein, wer hier mit seinem Geschäft überleben will.*

Stadt. Man tritt den Bewohnern damit nicht zu nah, denn Lehesten ist ein altes Bergbaustädtchen, sie haben „blaues Gold" in Europas größtem Schiefertagebau gewonnen, und mit Schiefer haben sie auch ihre Häuser verkleidet. Der Bodenschatz kann aber auch recht grau, fast schwarz schimmern, er verbreitete eine ganz eigene Atmosphäre. Im Schieferpark, dem 1999 stillgelegten Staatsbruch-Gelände, kann man inmitten historischer Anlagen in einem Hotel übernachten.

Auf dem berüchtigten Kolonnenweg selbst verläuft Cramers Route nur selten – und das ist auch gut so. Die Lochplatten sind ungenießbar für Radler, die Löcher wären schnell das Ende der Reifen. Zum Fahren bleibt nur der schmale Grünstreifen zwischen den Platten. Beim Aussichtsturm Thüringer Warte darf man sie dann doch

noch über ein, zwei Kilometer ausprobieren. Danke, das reicht!

„Es reicht!", sagen auch die meisten Bewohner von Mödlareuth. 52 Einwohner hat das Dorf, 33 auf der thüringischen Seite, 19 auf der bayerischen. Mit der Mauer hatten sie sich irgendwie abgefunden, auch wenn sie direkt durch ihr Dorf führte. Das Dorf war Ziel von Grenzlandfahrten, und West-Politiker reisten an, um ganz fotogen auf den Wahnsinn des Ostens zu zeigen. Heute ist Mödlareuth ein Museumsdorf, in das Jahr für Jahr bis zu 80 000 Touristen aus aller Welt kommen. Mit alldem haben sie sich arrangiert in Mödlareuth. Aber nicht mit den Journalisten.

„Im Dorf sagt kein Mensch mehr was." Karin Mergner sagt das, wohnhaft auf der bayerischen Seite, und erzählt dann doch etwas, als eine der Letzten. Dass diese Jour-

nalisten manchmal allzu frech seien, nach der Grenzöffnung habe ein japanisches TV-Team gar in einem Haus im Ostteil einen Kühlschrank aufgemacht und reingefilmt. Dass diese Reporter immer nur schwarz oder weiß beschreiben wollten und in Mödlareuth bevorzugt das Schwarze, das sei ihre Erfahrung. Dabei sei das doch „ein ganz normales Dorf".

Tatsächlich? Klar, sagt Frau Mergner, der Dorfklatsch zum Beispiel, der habe auch über die Mauer hinweg funktioniert. Man habe alles erfahren von drüben, wer mit wem und so. Sie lacht. All die Jahrzehnte haben sie gegen das Trennende gekämpft. Einen Steinwurf von Mergners Hof entfernt hängt noch immer eine alte Tafel vom Bund der Mitteldeutschen. „Diese Grenze ist keine Grenze", steht da. „Wir sind hier mitten in Deutschland."

VON MARC BIELEFELD

HOLT MICH HIER RAUS!

Einmal auf einer einsamen Insel leben –
davon träumen viele.
Aber hält man das Paradies überhaupt aus?
Ein Selbstversuch

*Der Wanderer ist ausgesetzt. Zwischen türkisfarbenem
Meer und Regenwald muss er sich jetzt durchschlagen.
Nur Haie und Moskitos leisten ihm Gesellschaft.*

Das Abenteuer beginnt mit einem imposanten Bild und einem jähen Ausweichmanöver. Eine faustgroße Spinne mit gelben Streifen baumelt kopfüber an einem langen Faden von einem Ast herab und ist gerade dabei, sich schleimend und windend einen violettblauen Ulysses-Schmetterling einzuverleiben. Ich mache einen blitzschnellen Ausfallschritt. Die Spinne tötet nur Zentimeter neben meinem Gesicht. Ringsherum, verschlungen und verknotet, trieft der Regenwald. Lianen hängen von den Bäumen, die Schritte schmatzen im moosigen Boden, während ich durch diese grüne, üppige Welt stapfe. Die einsamen Strände sind nicht weit, die türkisfarbenen Lagunen, die kühlen Wasserfälle, die sagenhaften Ausblicke von den Bergflanken auf dieses fast menschenleere Eden.

Es ist heiß, ich schwitze. Ein Busch mit zahnstocherlangen Dornen hat mir die linke Wade aufgerissen, Moskitos sirren, die Sonne schickt diffuses Licht wie Flusen in den Dschungel. Die Suche nach dem Paradies ist eine uralte Geschichte, aber schon der erste Tag auf der Dschungelinsel wirft eine wichtigere Frage auf: Nicht etwa ob das Elysium auf Erden existiert – sondern ob der Mensch überhaupt in ihm funktioniert.

Am frühen Morgen hat Phil, der australische Ranger mit der Spiegelbrille, mich auf Hinchinbrook Island abgesetzt. Auf einer der größten kontinentalen Inseln am Great Barrier Reef vor Queensland – und einer der wenigen Inseln der Welt, auf der man das Alleinsein mit Mutter Natur proben kann. Seit 1932 steht das Eiland unter Naturschutz. Ein wildes Reich von der Fläche

Bremens. Ein von stechender Sonne und sintflutartigen Regenfällen heimgesuchtes Fleckchen Erde, auf dem sich maximal 40 Menschen auf einmal aufhalten dürfen. Eine Insel, auf der man keinerlei Spuren hinterlassen darf, die man nur mit Genehmigung betreten und die man nach maximal einer Woche wieder verlassen muss. Palmen, Urwald, weiße Strände und warmes Meer. Dazu kaum Zeichen der Zivilisation, aber all die lieben Sehnsüchte im Kopf, die solche Postkartenwelten erwecken.

Der Rucksack wiegt 25 Kilo. Er ist vollgestopft mit allem, was ein Wanderer hier für sechs Tage braucht: Zelt, Kocher, Trockennahrung, Tütensuppen, Moskitocreme, Regenjacke und Tidenkalender, damit man beim Queren der Priele nicht von der Flut erwischt wird, Kompass und topographische

Karten. Zum Schluss hat Phil, der Ranger, mir noch einen Satellitensender in die Hand gedrückt. Wenn ich Probleme habe, soll ich das Ding einschalten, dann sendet es 24 Stunden lang ein Signal mit meiner Position an die Rettungsstationen. „Wenn du nächsten Donnerstag um zwölf Uhr nicht am Treffpunkt bist, schicken wir einen Suchtrupp los", sagte Phil. Dann stieg er ins Boot und war bald nur noch ein Punkt auf dem Meer.

Die ersten Schritte auf der Dschungelinsel führen über Mulligan Bay, eine zwei Kilometer lange Bucht – rechts der makellos türkise Ozean, links der Saum des Regenwalds und die von Eukalyptusbäumen überwucherten Berge, deren Buckel sich weit nach Norden ziehen. Im Sand sind Spuren zu sehen. In der Nacht waren wohl Krebse, Echsen und Kängurus hier. Am Morgen aber ist der Strand völlig vereinsamt. Nur Sand und Meer und Hitze.

Ein winziges Schild, verhangen von Gestrüpp, weist den Eingang in den Regenwald. Von nun an führt ein 32 Kilometer langer Weg, Thorsborne Trail genannt, nach Norden. Markiert ist die Route nur durch winzige aufgemalte Pfeile an Bäumen oder auf Steinen. Dazwischen Geröll, Baumriesen, steile Hänge und von Stechgras übersäte Ebenen: Der Weg führt durchs Unwegsame. Nach 50 Metern hat mich das Dickicht verschluckt. Es ist früher Nachmittag, das Licht bricht in dünnen Strähnen durch die Wipfel. Noch erkennt man als Paradiestester nicht, worin man sich bewegt, erkennt noch nicht die Bilder, die nie endenden Zeichnungen des Waldes. Man konzentriert sich nur auf das Gehen.

Die Steine in den Flussbetten sind glitschig, die aus dem Boden quellenden Wurzeln teils so groß, dass man darüberklettern muss. Sich einen Knöchel zu verstauchen, ist keine gute Idee. Am Mount Straloch, halb vom Dschungel aufgefressen, ruht das Wrack eines amerikanischen Bombers, der hier 1942 im Sturm zerschellte. Ein englischer Trekker, der das Wrack vor vier Jahren aufsuchen wollte, stürzte. Der Rettungstrupp fand ihn erst nach Tagen. Sein Bein war entzündet und musste amputiert

Die Laute der Schritte
werden irgendwann vertrauter,
auch die Umgebung,
die schwüle Luft
und das Alleinsein in diesem
irrwitzigen Biotop.

werden. Das Paradies ist gefährlich. Und das Gehen ist so anstrengend, dass man bald Durst hat. Fließendes Wasser gibt es genug: Regenwasser, das von den fast tausend Meter hohen Bergen hinab ins Meer spült. „Such dir eine gute Stelle", hat Phil noch gesagt, „einen Creek, wo das Wasser schnell genug fließt, damit sich keine Algen und Bakterien ansiedeln können. Dort ist das Wasser klarer und sauberer als aus jedem Wasserhahn der Welt." Man hat die Wahl, kann seine Trinkflasche an den Flüssen füllen oder seinen Kopf ins Wasser halten. Letzteres erinnert ein wenig an Adam und Eva. Der Akt des schlichten Trinkens gewinnt plötzlich wieder seine uralte Bedeutung zurück: Leben.

Irgendwann erlangt das Marschieren Gleichmaß. Die Laute der Schritte werden vertrauter, auch die Umgebung, die schwüle Luft und das Alleinsein in diesem irrwitzigen Biotop. Ein Vogel trillert und singt, vielleicht ein weißkehliger Honigesser oder ein Kookaburra auf Partnersuche. Dann wieder Totenstille. Der Urwald umgibt mich wie ein endloser, schwitzender Dom.

Am Abend ist es Zeit, das Zelt aufzubauen. Um sechs stiehlt der Regenwald das Licht, obwohl hoch über den Wipfeln noch die Abendsonne steht. Aber hier unten, bei den Wurzeln und Ästen, wird die Welt jetzt grau und düster, und um halb sieben ist es stockfinster. Elf Stunden Zeit zum Schlafen. Zeit, den Geräuschen zu lauschen und den Gedanken ihren Lauf zu lassen. Das Licht kommt erst um sechs am Morgen wieder,

und es ist ratsam, sich nachts nicht vom Zelt zu entfernen. Selbst mit Taschenlampe nicht. Zwanzig Meter, und der Nachtwanderer würde nicht mehr zum Lager zurückfinden in diesem Unterholz. Der zivilisierte Mensch liegt und liegt und liegt. Elf Stunden ohne gewohnte Ablenkungen sind eine lange Zeit. Keine Küche, kein Fernseher, kein Radio, kein Handy, kein elektrisches Licht. Auch das Lesen ist begrenzt im Paradies. Man muss die Batterien der Taschenlampe schonen. Und so liege ich nachts einfach nur da und lausche dem Wald und seinen Bewohnern.

Es ist der dritte Tag auf der Insel. Langsam beginne ich zu sehen: die Farne, die großen, von gelben Flechten überzogenen Steine, die Adern auf den Blättern, die Schlingpflanzen, die unzähligen Muster des Grüns. So nah bin ich den Pflanzen, als würde ich durch den Wald hindurchtauchen. Wuchernde Palmblätter, dann wieder helle, orangefarbene Triebe und aberwitzig sprießende Orchideen – phantastische Bilder, wenn man erst einmal ein Auge dafür hat.

Am vierten Tag schallt der erste laute Fluch durchs Paradies. Weil die roten Bisskringel der Sandflöhe an Armen und Beinen elend jucken. Weil das Gehen, das Schlafen und das Wasserschöpfen eintönig und anstrengend werden. Weil man ohne Unterlass schwitzt, der Rucksack auf den Schultern schmerzt und der Drang zu duschen immer größer wird. Und weil im Kopfkino immer öfter Szenen laufen von einem eiskalten Bier, einem saftigen Steak, einem frischen Bett. So ein paar Tage im Paradies haben etwas Seltsames an sich. Erst bezirzen sie einen, dann verkleinern sie einen, und anschließend erinnern sie den Menschen daran, dass er ein Mensch ist.

Aus den Bergen fällt der Blick aufs Meer. Hinter Sunken Reef Bay liegen Magnetic und Orpheus Island in der Ferne. Ich eile vorbei an pinkfarbenen Lasiandrablüten und Korallenfarnen, dann gelange ich zu den Zoey Falls – und will das Paradies prompt wieder küssen, umarmen! Das Wasser rauscht aus 70 Metern Höhe über glattgewaschene Felsen und umhüllt mich

Hinchinbrook Island vor der Küste Queenslands:
Ein wildes Reich von der Fläche Bremens,
in dem sich maximal
40 Menschen auf einmal aufhalten dürfen.

mit kühlendem Sprühnebel, dann tut sich ein perlender, grüner Naturpool auf. Im Nu wehen die Klamotten in den Bäumen, ich springe. Wasser, Wasser, Wasser! Hinterher lege ich mich auf die heißen Steine am Ufer. Gelbe Tropenfische schwimmen vorbei, ihre Haut reflektiert die Sonne. Feiner Spray weht vom Wasserfall herüber. Der Wind ist wie ein Föhn auf der Haut, und auf einmal sind alle Duschen, Rohre, Pumpen, Jacuzzidüsen und Wellnessoasen dieser Welt nur lächerliche Menschenerfindungen.

Der fünfte Tag. In der letzten Nacht war eine gelbe Inselratte im Zelt. Die Tütensuppen schmecken nicht mehr. Elf Stunden Schlaf jede Nacht sind zu viel. Ich liege wach, von elf bis drei Uhr morgens. Aus dem Wald das Übliche. Gelegentlich ein paar Vögel. Sonst alles schwarz, still. Bis der Morgen kommt, die Sterne zwischen den Wipfeln verschwinden und der Himmel wieder blau und heiß über der Insel schwebt. Vier Stunden Marsch heute. Ans Meer. Endlich ans Meer! Die Enge des Dschungel wird immer beklemmender. Die Augen wollen nicht mehr an all den Pflanzen kleben blei-

ben. Ich will sehen, atmen, den Blick weit übers Meer schweifen lassen.

Weiter. Das Geschmier aus Sonnencreme und Moskitomittel läuft mir in die Augen – die Wischbewegung mit der Hand kommt inzwischen automatisch. Die Arme, der Nacken sind rot und brennen, weil die weiße Haut nicht für diese Sonne geschaffen ist. Zum Glück naht die Erlösung. Hinter der nächsten Felsenecke, hinter einem letzten steilen Hang: der Ozean! Ich renne los, taumle auf den Strand. Doch die letzte Ironie hebt sich die Dschungelinsel noch auf.

Zoey Bay hält dem Paradiessucher einen riesigen, von Palmen beschatteten Strand vor die Nase. Das Meer ist einladend flach und hellblau – aber ich darf mich nicht hineinstürzen. Nicht juchzen, planschen, baden. Nicht mal einen Fuß werde ich in dieses höllisch schöne Meer setzen. Im Wasser leben Seeschlangen, vier Arten, alle hochgiftig. Außerdem Steinfische, deren Stachelsekret einem die Sinne raubt. Und Bullenhaie, die bis zu fünf Meter lang werden und Menschen erst wieder ausspucken, wenn sie merken, dass diese nicht schmecken, weil

sie zu viele Knochen und zu wenig Fett besitzen. Und sechs Meter lange Salties, Salzwasserkrokodile, die aus den Mangroven kommen und zum Jagen eine Meile weit ins Meer hinausschwimmen. Und Seewespen, Boxquallen und Kegelschnecken, deren Gift den Blutdruck explodieren und einen mit 30-prozentiger Wahrscheinlichkeit an Herzstillstand verrecken lässt. Nein, kein Bad. Ich sitze unter einem Baum und schaue aufs Meer. Morgen um zwölf kommt das Boot. Morgen werde ich wieder duschen, Zeitung lesen, in ein Restaurant gehen, ein Bier trinken. Bis dahin werde ich meine schweißverkrustete Haut kratzen, das Zelt aufbauen, in einen wie von Blut getränkten Abendhimmel blicken, werde über 60 Grad heißen Sand laufen und auf die schönste Wasserfarbe blicken, die ich je gesehen habe.

Und zu Hause wird sich das, was wir uns so unter dem Paradies vorstellen, ganz langsam wieder in meinem Kopf ausbreiten. Diese leicht verschnörkelte Vision einer himmlischen Wildnis, sie ist das, was die Kataloge immer wieder trefflich beschreiben: ein Traum.

VON CHRISTINE WOLLOWSKI

FRIEDE DEN HÜGELN

In Rios Armenviertel Rocinha,
wo die Polizei nun den Drogenhandel verdrängt,
suchen Gäste den organisierten Kick.

*Funkmusiker mit Slumhintergrund:
Der Mann nennt sich Gorilla –
und wird gern auf den
Partys in Rios Favelas gehört.
Auch Jugendliche aus der Mittelschicht
tanzen dazu die Nächte durch.*

Manchmal klingt die Frage verschreckt, manchmal ängstlich erwartungsvoll, manchmal nahezu hoffnungsfroh. Aber sie kommt fast immer, wenn die Kunden der Agentur „Be a local" sich in Kleinbussen zu Rio de Janeiros größtem Slum Rocinha kutschieren lassen. „Ist es sehr gefährlich hier?" Dabei ist eigentlich weltbekannt, dass die Favelas von Rio gefährlich sein können.

Seit 2003 bietet Be a local Touren in den Slum an – und Shuttles zu „Favela Funkpartys". Das Publikum sind jede Woche Hunderte junge Rucksackreisende aus aller Welt, die Fremdenführerin Daniele Gosling in perfektem Amerikanisch im klimatisierten Kleinbus begrüßt. Daniele lebt in Copacabana und sucht die Slums nur aus beruflichen Gründen auf; entsprechend naiv sind manche ihrer Auskünfte. Immer wieder erklärt Daniele den Gästen, dass sie „Waffen nie fotografieren dürfen!" Drei Irinnen schaudert es wohlig. Ein Südbrasilianer sagt: „Die Elitetruppe der Polizei im Einsatz zu erleben wäre das Größte!" Wenig später stolpern die Besucher an stinkenden Abwasserrinnsalen vorbei, besichtigen ein Projekt, in dem von Kindern gemalte Ölbilder verkauft werden, kaufen sich ein Sandwich in einer adretten Bäckerei und fotografieren alle Kinder, die ihnen unterwegs begegnen. Waffen sehen sie keine.

Und bald soll es hier auch keine mehr geben. Kürzlich haben Spezialeinheiten der Polizei die Rocinha besetzt, wie das seit Ende 2008 bereits mit 18 der mehr als 1000 Slums auf den malerischen Hügeln Rio de Janeiros geschehen ist. Die dauerhafte Anwesenheit der Polizei soll den bewaffneten Drogenhandel verdrängen und den Bewohnern ein normales Leben ermöglichen. Der touristische Nebeneffekt: Wo es eine Station der „Friedenspolizei", UPP genannt, gibt, können auch Fremde sorglos die Hügel erklettern – ohne Jeep, ohne Reiseveranstalter, ohne dass man Drogenbosse um Erlaubnis bitten muss.

Eine grandiose Zukunft als Wahrzeichen der Stadt, dem Christus ebenbürtig, hat Brasiliens Ex-Präsident Luiz Inácio Lula da Silva den ehemaligen Schandhügeln der Stadt bereits 2010 vorausgesagt, als er persönlich das ehrgeizige Projekt „Rio Top Tours" eingeweiht hatte. Das Projekt soll den Slumbewohnern neue berufliche Perspektiven eröffnen und die ehemals Ausgegrenzten selbstbewusster machen: Sie selbst definieren die Sehenswürdigkeiten, der Staat finanziert Beschilderungen und Kurse, damit die lokalen Fremdenführer ihre Umgebung zeigen können und nicht nur Agenturen am neuen Tourismusfluss verdienen. Die Kleinbusse von Be a local indes fuhren schon vor der Befriedung genauso zahlreich zur Rocinha wie nun, ein paar Tage danach. „Ich weiß nicht, ob die Leute wirklich befriedete Favelas sehen wollen", hatte Luiz Fantozzi, einer der Agenturinhaber, vor einigen Wochen noch skeptisch bemerkt. Jetzt klingt er vorsichtiger: „Wir haben nur am Tag der Polizeiaktion keine Tour gemacht, heute ist alles wieder normal, auch die Nachfrage."

Thiago Firmino lebt im seit 2009 befriedeten und touristisch erfolgreichen Santa Marta; er bestätigt, dass die Fremden den Nervenkitzel suchen: Neugierige könnten mit der neuen kostenlosen Straßenbahn hinauffahren zur Plattform, auf der Michael Jackson damals „They don't care about us" gedreht hat, aber „die Touristen wollen Geschichten aus der Vergangenheit hören, wo der Drogenumschlagplatz war, wo es Schießereien gab".

Szenegänger aus Rio entdecken derweil die Slums als coole Location zum Feiern. Die Welten von Arm und Reich mischen sich dabei nicht. Bestenfalls profitieren ein paar Geschäftsleute im Slum. So wie der Chef der Sambaschule Mocidade Unida da Santa Marta, der den Probensaal seiner Tänzerinnen neuerdings an fast jedem Wochenende vermietet. An einem Samstagabend stöckeln Dutzende Mädels in High Heels und Mini über das Kopfsteinpflaster vor der Halle. Sie schütteln ihre frisch geföhnten Mähnen, trinken Bier, lassen edlen Schmuck aufblitzen. Ihre Erscheinung passt so wenig zu den aus Holzresten gebastelten Ausschänken am Straßenrand wie das neue Schild: „Visa-Karten willkommen". Zum Event „Samba chic" strömen in dieser lauen Nacht mehr als 1000 Junge, Reiche und Schöne aus den Edelvierteln Ipanema und Leblon. „Früher hätte mich meine Mutter nie in eine Favela gelassen", sagt die 20-jährige Silvia Rodrigues, die mit zwei Freundinnen im extra gemieteten Minibus mit Fahrer gekommen ist. „Aber jetzt mit der UPP ist es ja kein Problem mehr."

Die noch nicht befriedeten Slums boomten gleich mit: In der Rocinha stiegen auch vor der Polizeiaktion gelegentlich Partys für die Mittelschicht, und im jetzt ebenfalls befriedeten Slum Vidigal hatte eine Bar aufgemacht, deren Drum'n'Bass-Sound sich in der Stadt herumsprach. Eventmanager Marco Antonio prophezeit: „Der nächste Hype im Nachtleben kommt in den Favelas." Auch Veranstalter Cesinho Cesar Batas von der Agentur Rio Prime sieht die Zukunft der Nacht auf den Hügeln: Wo sonst gibt es in der Millionenstadt noch gute Locations, leicht erreichbar und nicht allzu teuer? Die Halle des befriedeten Santa Marta hat es sogar bei den Edelkids geschafft, die Tickets waren Tage vor dem Event ausverkauft, obwohl sie umgerechnet 25 Euro kosten – mehr als ein Tageslohn für viele Slumbewohner.

Dass es in den Favelas neuerdings auch Partys für die Mittelklasse gibt, hat sich unter den Touristen noch kaum herumgesprochen. Die bekommen vorläufig weiter den organisierten Kick: In den typischen Backpacker-Hotels in Copacabana gehört der Ausflug zur Funkparty zum normalen Angebot. Durch die pornographisch anmutenden Texte und Choreographien von MCs und Sängerinnen wie Tati Quebra Barraco ist der Ruf der orgiastischen, meist von Drogenhändlern organisierten Slumpartys jungen Leuten aus aller Welt ein Begriff. „Manchmal fahren wir bis zu 400 Gäste raus", erzählt Partyführer Jonas Macedo, der selbst gerne das Wochenende durchtanzt.

Das Castelo im Vorort-Slum Rio das Pedras sieht aus wie ein geräumiger Club

Einheimische und Touristen genießen den Strand im wohlhabenden Stadtteil Ipanema. Gleich dahinter beginnen die Elendsquartiere von Rio.

mit großer Tanzfläche und abgeteilten VIP-Boxen im Zwischengeschoss. In diesen geschützten Bereich geleiten Agenturmitarbeiter die jungen Gäste.

„Ich war noch nie in einer Favela!", sagt Daisy aus England und wiegt die schmalen Hüften. Auch im Castelo kommt es selten zu Begegnungen von Gästen und Slumbewohnern: „Die Anmache ist hier sehr eindeutig, das würde den Gringas schnell zu viel werden", erklärt Jonas. Also tanzen die Besucher hoch über der Slumrealität in ihrer VIP-Box und lassen sich danach wieder ins Hotel fahren.

Dass die Slums mehr zu bieten haben, entgeht vielen Rio-Besuchern. Wandern auf Rios Hügeln interessiert entweder nicht so viele Touristen wie die Slumtouren – oder sie wissen einfach nicht, dass es so etwas überhaupt gibt. Auf einen Wanderhype jedenfalls wartet Nilson Assunção in der Favela Morro da Babilônia bislang vergeblich. „Dabei haben die von der Stadtverwaltung uns nach der Befriedung einen regelrechten Boom vorausgesagt", erinnert sich Nilson. Der Hügel Morro da Babilônia erhebt sich

privilegiert über den Stränden von Leme und Copacabana. Auf seiner Spitze spendet ein lichtes Wäldchen angenehmen Schatten. Als der heute 34-jährige Nilson ein kleiner Junge war, brannte hier die Sonne ungehindert auf kahlen Lehm- und Felsboden. Der Wald ist der Initiative der Slumbewohner zu verdanken, die sich 1995 zusammentaten, um die Naturglatze über ihrer Siedlung aufzuforsten. Nach zehn Jahren Arbeit war genug Natur da, dass die ersten Abenteurer die Idylle bestaunen kamen. Heute kommen in guten Monaten 100 Wanderer. Natürlich kennt auch Nilson Geschichten aus den Jahren des Drogenkriegs, als sich auf dem Hügel konkurrierende Banditen beschossen – nur fragt danach auf seinen Touren keiner. „Die meisten werden ganz still, weil sie von der Natur überwältigt sind; wie hier oben die Geier in ihrem Badetümpel sitzen oder zwischen den Felsen Quellen entspringen", sagt Nilson.

Heute ist das auf dem Babilônia-Hügel anders: „Die Preise für Häuser haben sich seit der Befriedung fast verdoppelt!", erklärt Nilson. „Neuerdings hängen keine

handgemalten Zettel mehr an den Häusern, die zu verkaufen sind, sondern Schilder von Immobilienmaklern", bestätigt Lígia Mattos im Slum Cantagalo, der ans feine Ipanema angrenzt. Lígia ist hier aufgewachsen, in einer einfachen Bretterbude mit großem Garten, an die sie sich mit Wehmut erinnert. Seitdem ist die Bebauung so dicht geworden, dass kaum ein Baum zwischen den Ziegelbauten überlebt hat. Dafür hat Lígia sich einen Traum verwirklicht: Seit März dieses Jahres leitet sie ihre eigene Pension im Cantagalo. „Ich hatte mir das lange gewünscht, aber es war zu gefährlich", sagt die Frau, die früher mit einer Folkloretanzgruppe um die Welt gereist ist. Die Pousada Favela Cantagalo hat kein aufregendes Slumimage, sondern schlichte, saubere Zimmer.

Gelegentlich beschreibt die Besitzerin ein paar Gästen den Weg zum Restaurant von Babú oder zur Funkparty weiter oben auf dem Hügel. Der neue Slumtourismus sozusagen. Weil die Slums jetzt auch das sind: ungestörte Natur, autofreie Zonen, Kleinstadtatmosphäre. Und gar nicht immer gefährlich.

VON THOMAS HEINLOTH

MIRJAMS ZELT

Vor 200 Jahren begründete ein Schweizer Archäologe
die Sehnsucht nach Petra. Heute ist die Stadt der Nabatäer
ein Rummelplatz für Touristen. Wer Ruhe sucht, sollte von hier aus in die Höhe steigen.
Oder Tee mit einer Beduinin trinken.

„Ich bin doch keine Königin“: Mirjam mit Sohn und Mann.
Dieser schaut nur ein, zwei Mal die Woche bei ihr vorbei.
Er lebt mit seiner anderen Frau zusammen.

Wie alt, Mirjam, ist dein erst-geborener Sohn? „Fünf Jahre“, sagt sie, streicht über seinen Kopf und senkt den ihren, „ungefähr“. Der Blick verharrt im feinen Sand, doch nicht der Antwort halber. Das Alter zählt nicht bei den Beduinen, die Augen, heißt es, machen einen Menschen aus. Und der Name erzählt seine Geschichte: „Haroun“, sagt Mirjam. Haroun, wie sonst? Und dann löst sich ihr Blick vom Boden, wandert bergwärts, den Hang hinauf, vorbei an verkrüppeltem Wacholder und trockenen Ginsterbüschen über ockerfarbenes Geröll, den Gipfelgrat entlang, bis zum höchsten Punkt des Berges, der ihrem Sohn den Namen gab.

Jebel Haroun, der Aaronberg: Dorthin, auf den Berg Hor, ging Aaron „auf Befehl des Herrn“, und dort starb er „im vierzigsten Jahr nach dem Auszug der Israeliten aus Ägypten“, wie es im Alten Testament heißt. Und dort liegt er noch, der Bruder des Mose und der Prophetin Mirjam, der erste jüdische Hohepriester. Das Grab des Aaron ist ein Schrein, bedeckt mit einem Überwurf aus grünem Samt, bestickt mit Suren des Korans, denn auch im heiligen Buch des Islam hat Aaron seinen Platz: Harun ist einer der Propheten. Ein Halbmond krönt seine besenrein gefegte Grabkammer, auf einer Kuppel, weiß wie frisch gefallener Schnee, die weithin leuchtet, über den Sandsteingipfeln rund um Petra, die Wüstenstadt der Nabatäer. Und über Mirjams Zelt .

In einer Grabhöhle wurde sie geboren, vor 30 Jahren, ungefähr. Nicht in einem der prächtigen Tempel, die die arabischen Herrscher der Antike für ihre Toten in den Sandfels meißelten, Portale, versehen mit Säulen, Giebeln, Kapitälchen, verziert mit Reliefs, besetzt mit Mosaiken. „Ich bin“, sagt Mirjam, „doch keine Königin.“

Das Grab, in dem sie geboren wurde, ist jetzt ihr Ziegenstall. Das Zelt daneben: ihr Zuhause. Zwei schwere Bahnen, gewebt aus schwarzem Ziegenhaar, gespannt über neun mannshohe Stelzen aus Olivenholz. Darin: eine Wassertonne, ein Butangas-Kocher, vier Aluminium-Töpfe, Teegläser, ein Teppich, ein paar zerschlissene Decken. Zwei Esel und elf Ziegen. Das ist ihr ganzer Besitz.

Meist ist sie hier alleine mit den Kindern, Haroun, Melih, Racheed und Ramina. Nur ein, zwei Mal die Woche kommt ihr Mann Mohammed vorbei, bringt einen Kanister Öl oder ein Kilopaket Zucker und im Winter, wenn das Holz knapp wird, Gasflaschen für den Kocher. „Sonst lebt er oben in der Siedlung", sagt Mirjam, „bei seiner anderen Frau." In die Siedlung, eine Handvoll unverputzter Eingeschosser am Rand der antiken Felsenstadt, bat man in den achtziger Jahren Mohammed und die anderen Beduinen, die zwischen Palastruinen, Säulengängen, Obelisken, Torbögen und Theatern ihre Ziegen hüteten. Die meisten tauschten ihre Zelte gern gegen ein Haus aus Stein. Mirjam aber blieb. „Beduinen", sagt sie, „haben keine Heimat. Doch der Jebel Haroun ist mein Platz."

Am Weg zum Gipfel sitzt sie oft, wenn sich eine Gruppe Wanderer vom Tal her nähert, an den warmen Fels gelehnt, neben einer rußgeschwärzten Kanne süßen Tees. Ein Dinar das Glas, und ein Dinar für die kleinen Quader, die Mirjam aus Petras buntem Stein geschlagen hat, altrosa, rostrot, schwefelgelb, sahneweiß und eierschalenfarben marmoriert, zwei Dutzend Würfel auf einem Plastikschemel, angerichtet wie eine Runde Petit Fours.

Gut drei Stunden dauert der Aufstieg von hier bis hinauf zu Aarons Grab, durch braunen Staub und über klimperndes Geröll. Stein ist das Element in diesen Bergen, Fels, „Petra", so das Wort der Griechen. Mal ist er nachgiebig und porös, so weich, dass man einen Nagel in ihn drücken kann, organisch, beinahe fließend,

Beduinen, so sagen sie, haben keine Heimat. Doch sie können einen Platz finden, an dem sie sich geborgen fühlen. Bei Petra liegt der Jebel Haroun, der Aaronberg. Unten lässt sich Geld verdienen mit den Touristen. Oben pflegen die Muslime die Grabstätte des Propheten.

geschliffen und gerundet vor 10 000 Jahren
Wind und Regen. Mal ist er dicht und hart,
scharfkantig, rissig und mit spitzen Zähnen.
Ein Ozean aus Stein breitet sich aus vom
höchsten Punkt, dem Halbmond über des
Propheten Schrein, 1396 Meter überm Meer
und ein paar hundert über Mirjams Welt.
Im Westen flimmert weit am Horizont die
Negev-Wüste – und im Osten, am Fuß des
Jebel Haroun: Petra.

In einem weiten Talkessel hatten die Na-
batäer ihre Metropolis errichtet, eingefasst
von mächtigen Bergzinnen, eine riesige
Arena, beinahe uneinnehmbar, und am
Kreuzungspunkt der wichtigsten Karawa-
nenwege der Antike wie gemacht für eine
Handelsstadt: Myrrhe und Weihrauch aus
Jemen wechselten hier die Besitzer, Gold aus
Syrien, Elfenbein aus Afrika, Wein aus Rho-

dos, Perlen aus dem Roten Meer. Die Heiligen Drei Könige sollen hier Station gemacht
haben auf ihrem Weg nach Bethlehem, und
es heißt, ihre Gaben stammten wohl aus der
Handelsstadt unterhalb des Aaronbergs.
Mehr als 30 000 Menschen lebten damals
hier, in Prachtbauten und Palästen, in Hütten
und in Höhlen. Und Mirjam sagt: „Man kann
es fühlen." Kaum eine Felswand neben ihrem
Zelt , in die keine Ausbuchtung geschlagen
ist. Neben ihrer Feuerstelle liegen Tonscher-
ben im Sand, hauchdünn und rot bemustert:
Eierschalen-Keramik der nabatäischen Vor-
mieter, mehr als 2000 Jahre alt.

Nicht einmal ein Fünftel Petras ist mittlerweile freigelegt, bis vor 200 Jahren war
das Wüsten-Atlantis für Europa und seine
Archäologen bestenfalls ein Gerücht. Erst
1812 betrat der Schweizer Arabienreisen-
de Johann Ludwig Burckhardt, mit Turban
und in Landestracht als Scheich verkleidet,
als erster Europäer nach den Kreuzrittern
die Ruinenstadt. Und sein erster Weg führte ihn auf den Aaronberg, wo er an dessen Grab eine Ziege opferte. Nur ein paar
Stunden war Burckhardt damals in Petra,
doch seit seinem Besuch ist die Stadt, nach
2000 Jahren in Vergessenheit, wieder ein
Ziel für Reisende aus aller Welt.

Ein neues Besucherzentrum wird gerade
hochgezogen, gleich am Busparkplatz, wo
sich Reisegruppen um Reiseführer scharen, zu Hunderten. Die meisten sind für einen Tagesausflug angereist, vier Stunden
mit dem Auto von Amman, und nicht selten
sind sie abends wieder in einem Pauschal-
hotel am Roten Meer. Bis zu 5000 Menschen
drängen sich an manchen Tagen durch den
Siq, die eineinhalb Kilometer lange Schlucht,
durch die jeder muss, der Petra sehen will.
Für die Nabatäer war der Siq ein perfektes
Einlassportal: Mehr als 70 Meter tief, eine
Schlucht wie eine Kathedrale, und der Weg
so eng, dass an der schmalsten Stelle ein
Mann ausreicht, um eine Armee zu stoppen.

An seinem Ende, dort wo sich der Schacht
im Fels öffnet zu einem weiten Atrium, plat-
zierten Petras Herrscher wie eine Offenba-
rung ihr wundersamstes Werk. Die Khazne
al-Firaun, das Schatzhaus des Pharao, ist

kein Gebäude, sondern ein Negativ im Fels:
ein Prachtportal, in einem Stück herausge-
schlagen aus der Wand, fast 40 Meter hoch.
Sechs korinthische Säulen unter einem Por-
tikus, ein Rundtempel darüber, blumenum-
rankt, gekrönt mit einer Urne. Ein Grabmal,
keine Schatzkammer, wie die Beduinen lange glaubten, und doch ein steinerner Palast.

„Es sieht so aus, als sei er gerade erst fertig geworden", staunte Burckhardt damals
über den zwei Jahrtausende alten Bau. Heute verblasst die Magie des Ortes angesichts
des Trubels: Souvenir-Verkauf und aufge-
regte Muli-Droschken-Fahrer, Kompar-
sen in Phantasie-Uniformen, die Nabatäer
mimen, koreanische Touristinnen, die sich
kreischend auf Kamele schwingen.

Der Lärm am Schatzhaus, für Mirjam ist
er fernes Rauschen. Ihr Zelt am Fuß des
Berges liegt abseits des Gänsemarsches
internationaler Reisegruppen, und es sind
nur eine Handvoll Wanderer, die den Weg
von Petras Prunk hinauf zu Aarons Grabmal
suchen: vorbei am Halbrund des Theaters,
vorbei an der großen Königswand, die Säu-
lenstraße geradeaus, dann links am Tempel
der geflügelten Löwen bergwärts, Richtung
Osten: ein schmaler Pfad durch den antiken
Scherbenschutt, gesäumt von Feigen, Rizi-
nusgebüsch und Kapern.

Am Weg verbringt sie meist den Tag. Die
schönste Stunde Petras aber, die zwischen
hell und dunkel, wenn die Luft schwer und
das Licht fahlgelb wird, sitzt Mirjam vor
dem Grab, in dem sie einst geboren wurde.
Bläst in die Glut zu ihren Füßen, wirft ein
Stück Weizenteig auf ein gewölbtes Blech,
Khubz, das dünne Fladen-Brot der Beduinen, klopft rhythmisch auf Metall, summt
eine Melodie aus einer anderen Zeit: „ein
Beduinen-Lied". Und wie, Mirjam, heißt
eigentlich dein Stamm? Da ist ein Lächeln,
endlich, und ein offenes, grünes Augen-
paar: „Al-Saedeen", sagt sie, „die Heiter-
keit." Dann zeigt sich ein erster Stern in
Jordaniens Wüstenhimmel. Die Funken
ihres Feuers fliegen, die Ziegen kehren
heim. Hinter ihr tanzt Haroun, der erstge-
borene Sohn, den Berg hinauf, über schar-
fes Geröll, leichtfüßig auf nackten Sohlen.

VON SEBASTIAN SCHOEPP

BEIM FÄHRMANN DER SEELEN

Auf der Insel Chiloé im Westen Patagoniens
endet die Welt. Man kommt trotzdem noch weiter –
wenn man den Weg kennt.

Sprungbrett ins Paradies.
Der Glaube, den die Spanier
gebracht haben, mischt sich auf
der entlegenen Insel mit der Mythologie der
Ureinwohner, die bevölkert ist
mit Hexen und Kobolden.

Weiter westlich wohnen als Don Orlando kann man kaum. Er hat ein hellgelb gestrichenes Holzhaus mit Gemüsegarten, Gänsen und Hühnern an der Punta Pirulil. Die liegt am Westrand der grünen Insel Chiloé im Westen Patagoniens. Chiloé ist die Insel der „schwarzen Stürme und der schwarzen Erde", hat Bruce Chatwin mal geschrieben. Die Stürme waren ein Grund, warum der Weg zu Don Orlando bis vor Kurzem sehr beschwerlich war. Man musste die Ebbe und ruhiges Wetter abwarten, bis man die Felsen hinter dem Holzdorf Cucao auf dem steinharten Sandstrand bis nach Punta Pirulil umkurven konnte. Aber jetzt gibt es die Schotterstraße durch die Berge, was Don Orlando sehr begrüßt. Nicht nur, weil für ihn der Weg zum Einkaufen nach Cucao weniger umständlich ist. Es kommt auch mal Besuch.

Am Fenster hat Don Orlando einen Schaukelstuhl stehen. Auf dem, sagt er, sitzt er am liebsten und blickt auf den Ozean. Dort leben Wale und schwarz-weiße Commerson-Delphine, Humboldt-Pinguine, Mähnenrobben, Seebären und Magellan-Riesendampfschiffenten, ja, die heißen wirklich so. Das nächste Gestade ist von Don Orlandos Fenster aus gesehen Neuseeland, knappe 8600 Kilometer Wasser liegen dazwischen. Irgendwo da draußen, an der Datumsgrenze, hört der Westen auf, und es beginnt das, was Europäer den Fernen Osten nennen. Man kann schon ins Grübeln kommen, hier am Ende der Welt. Wo will man von hier aus noch hin?

Don Orlando hat da einen Vorschlag: Der Eingang ins Paradies sei nicht weit, ihn zu sehen, koste nur ein paar Pesos. Dafür händigt er einem den Schlüssel aus zum Tor an seinem alten Grundstück oben in den Bergen an der Küste, wo er ein paar Kühe und Pferde hält. Er deutet auf die in Gischt und Dunst gehüllten Klippen. „Dort oben liegt die Mole der Seelen." Von Don Orlandos Haus sind es etwa drei Stunden zu Fuß.

Vor dem Aufbruch ins Reich der chilotischen Mythologie zeigt Don Orlando den Besuchern aber noch die gute Stube, wo die Wände voll hängen mit gemusterten Fellen.

Jedem Artenschützer würde es die Sprache verschlagen. Aber Don Orlando sieht das anders, er hat ja auch eine Art zu schützen: seine Schafe. Das Leben auf Chiloé ist hart, jeder muss sehen, wie er klarkommt in den langen Wintern und nassen Sommern. Also erlegt Don Orlando Darwinfuchs und chilenische Waldkatze, eine Art Bonsai-Leopard, bevor sie seine Tiere erlegen. Unterhalb der Felle hat Don Orlando Fundstücke gestapelt, auf die er noch stolzer ist: versteinerte Krebse, Schnecken und andere Fossilien, den Gehörgang eines Wals und was man sonst so findet in der Bucht vor seinem Fenster, wo ein kupferfarbener Fluss in den Pazifik mündet.

Wir brechen auf und überqueren den Fluss auf einer löchrigen Holzbrücke. An seiner Mündung stehen die Pfannen, mit denen Don Orlandos Söhne am Strand Gold aus dem Sand waschen. Am Boden wachsen grobkörnige, hellrote Sanderdbeeren. Der Weg führt bergauf in den Nebelwald mit all der regenfeuchten Flora der südlichen Hemisphäre, knorrigen Tepu-Bäumen, rötlichen, vom Wind gebogenen Arrayanen, chilenischer Myrte, patagonischer Zeder, Araukarien, Coihue-Scheinbuchen, australischer Haselnuss und Mammutblättern, deren Stiel rhabarberartig schmeckt. Hier oben leben die letzten Huilliche, Chiloés Ureinwohner, deren Vorfahren in der Abgeschiedenheit die Landnahme durch spanische Kolonisten und chilenische Siedler überlebt haben.

Die Huilliche haben eine eigene Version, wie es vom Ende der Welt aus weitergeht. Dort wartet Tempilcahue, der Fährmann, auf die Seelen, die ins Paradies wollen. Ihr Heulen und Zetern mischt sich mit dem Getöse des Winds in den Klippen. Um den Toten die Abreise zu erleichtern, hat ein Künstler mit dem Namen Chumono ihnen auf Orlandos Grundstück eine Rampe aus Holz gebaut – die Mole der Seelen. Sie führt ins Nichts auf den Pazifik hinaus. Das Sprungbrett ins Paradies sozusagen und das Ziel der Wanderung. Wehe dem, der zum Scherz den Fährmann ruft, versichern die Huilliche, der Unglückliche stirbt binnen eines Jahres. Die Mole der Seelen ist bei Esoterikern beliebt, manche meditieren,

manche brechen in Tränen aus, andere fühlen ihre Seele übers Wasser wabern.

Wie dem auch sei: Don Orlando hat das Kunstwerk auf seinem Grund und Boden ein hübsches Zubrot eingebracht. Manche Wanderer kommen auch, um hier oben Tiere zu beobachten, die es teils nur auf Chiloé gibt: Rostfußkauz, Pudus, die kleinsten Hirsche der Welt, außerdem flinke Beuteltiere, die hier Bergäffchen heißen, oder die chilenische Opossummaus. Die Vegetationsgeschichte des Urwalds, in dem sie leben, reicht bis in den prähistorischen Südkontinent Gondwana zurück, wegen der isolierten Lage westlich der Anden konnten sich viele Arten halten. Das faszinierte schon Charles Darwin, der Chiloé 1834 besuchte. Während sein Kapitän Robert Fitzroy das patagonische Festland vermaß, vertrieb der Forscher sich die Zeit, indem er Notizen machte von der Insel. Ein einziger großer Wald sei das, aber mit einer fürs Auge angenehmen Variation von Grüntönen, nur „das Klima ist im Winter entsetzlich und im Sommer nur unwesentlich besser", schrieb Darwin. Das verwundert, da ihm als Engländer der ständige Wechsel aus Sprühregen und stechender Sonne eigentlich vertraut vorgekommen sein müsste.

„Die Einwohner scheinen zu drei Viertel indianisches Blut zu haben", notierte Darwin weiter. Obwohl es genug zu essen gebe, seien die Leute bettelarm, denn Arbeit zum Geldverdienen gebe es eigentlich keine. „Bei unserer Ankunft dachten und hofften die Insulaner, wir wären eine Vorhut der Spanier, die gekommen seien, um Chiloé der patriotischen Regierung Chiles wieder zu entreißen." In der Tat hatten die Chiloten im Unabhängigkeitskrieg zur spanischen Kolonialmacht gehalten. Ihre letzte Festung fiel erst acht Jahre nach der Unabhängigkeit 1826. Der junge Staat bestrafte Chiloé mit Isolation. Noch zu Zeiten der Pinochet-Diktatur, 1973 bis 1990, wurden Regimegegner hierher verbannt, wovon Isabel Allendes 2012 erschienener Roman „Mayas Tagebuch" handelt.

Doch wie so oft wandelte sich der Nachteil zum Vorteil. Die schrullige Urwüchsigkeit, die fast betonfreie und mit UNESCO-Prädikat

Im Kajak durch die unberührte Auenlandschaft:
Lange Zeit war Chiloé isoliert –
für die Natur ist dies von Vorteil.

geadelte Holzarchitektur mit den bunten Kirchen begründeten Chiloés touristische Anziehungskraft. 2012 reihte die New York Times die Insel unter die 45 Ziele ein, die man noch schnell besuchen solle. „Bis vor Kurzem gehörte Chiloé den Chiloten fast alleine", heißt es da. Doch Chiles Präsident Sebastian Piñera wolle die Insel mit dem Rest der Welt teilen, er hat dort selbst ein Grundstück. Die Regierung verordnete ihr eine eilige Entwicklung: Ein Flughafen bei der Kleinstadt Ancud wurde kürzlich eröffnet, eine Brücke über den Sund von Chacao soll die Insel bald mit dem Festland verbinden. Das wird kritisiert von den Zivilisationsmüden, die sich auf Chiloé zurückgezogen haben. Es wimmelt von Aussteigern aus der Hauptstadt Santiago, die dem Stress der neoliberalen Wachstumsgesellschaft entflohen sind. Sie eröffnen kleine Hotels, pflegen Pinguinkolonien, werden Wanderführer oder verleihen Kajaks – so wie Fernando Claude, dessen rotgetünchte Ferienhütten aus Holz den versunkenen Wald von Chepu präsidieren, der beim großen Erdbeben 1960 vom nahen Meer überflutet wurde.

Claude und seine Frau wollen autark leben, Sonne und Wind liefern die Energie.

Nur der Strom der Elektroöfen für verwöhnte Touristen kommt aus dem Netz. Der versunkene Wald zu Füßen ihres Feriendorfs ist eine bizarre Auenlandschaft, in der 128 Vogelarten leben und man neben Fischottern und Bibern paddeln kann. In dem klaren Wasser spiegeln sich die Wolken in einer Weise, dass man bald nicht mehr weiß, wo oben aufhört und wo unten anfängt.

Fernando Claude empfiehlt, in der Morgendämmerung hinauszupaddeln, wenn die Strünke im Wasser die Form all der Fabelgestalten anzunehmen scheinen, die die chilotische Mythologie bevölkern: Tentenvilu und Caicaivilu, eine Art Tatzelwurm und eine Riesen-Wasserschlange, die in ständigem Kampf miteinander liegen. Oder die der Pincoya, einer Nixe, die den Weg zu den besten Fischgründen weist. Oder vielleicht taucht aus dem Dunst gar das Geisterschiff Caleuche auf, das die Seelen der Schiffbrüchigen an Bord nimmt und auf dem ständig gefeiert wird. Weniger lustig wäre die Begegnung mit der Fiura, einer hässlichen Hexe mit riesigem sexuellem Appetit, die ihre Opfer durch Erschöpfung versklavt. Ihr Gegenstück, der Trauco,

ist ein enorm potenter Kobold, der in den Wäldern haust und verirrte Jungfrauen schwängert. Manche sagen allerdings, man habe ihn erfunden, um ungewollte Schwangerschaften zu kaschieren.

Die Oberhoheit über den Spuk hat die Versammlung der Brujos, Hexenmeister, die die eigentlichen Herrscher der Insel sein sollen und sich regelmäßig in einer geheimen Höhle nahe dem Dorf Quicavi an der Ostküste versammeln. Historisch ist anzunehmen, dass das Magierparlament eine Art Gegenregierung zur Staatsgewalt darstellte, die das Brujo-Wesen im 19. Jahrhundert durch Massenverhaftungen auszurotten versuchte. Ohne großen Erfolg offenbar. In Ancud fragen wir den Besitzer einer Imbissbude nach dem Weg nach Quicavi. Keine Chance, sagt der: Außenstehende würden durch eine geheimnisvolle Kraft von der Höhle ferngehalten, gegen die auch der stärkste SUV-Motor nicht ankomme. Und unser Miet-Kleinwagen schon gar nicht. Wir beschließen, es gar nicht erst mit der Magie aufzunehmen und lieber einen Teller Krebse zu bestellen, die fast nirgendwo so frisch und zart aus dem Meer kommen wie hier am Ende der Welt.

VON STEFAN ULRICH

PARIS, JE T'AIME

Wo ist die Stadt der Liebe eigentlich noch zum Verlieben?
Eine Spurensuche

„Ich habe dich gesehen, du Schöne, und jetzt gehörst du mir ...
und ganz Paris gehört mir." Nicht nur Hemingway hat den
Mythos von Frankreichs Hauptstadt befeuert.

D ie Suche nach der Stadt der Liebe beginnt im Erdgeschoss eines
Hauses hinter der Place d'Italie.
Hier, in ihrem Büro, stellen Pierre
Szymanski und Leona Pokorna Hochzeits-
reisen für ausländische Paare zusammen
und vermarkten das Angebot im Internet.
„Paris Honeymoon", honeymoon-paris.fr,
heißt ihre Webseite. Pierre und Leona sind
Profis in Sachen Romantik und haben auch
privat die Liebe an der Seine gefunden.

Auf die Frage, warum Paris die Stadt der
Liebe ist – La Capitale de l'Amour – The
City of Love –, blicken sie sich ratlos an.
„Keiner weiß das", sagt Leona, als den-
ke sie an Édith Piafs Strophe: „Und der
Himmel von Paris verrät sein Geheimnis
nie." Pierre nennt dann Maler und Mode,
Schriftsteller, Kinofilme, Lichter und Las-

ter, Seine und Bohème sowie Croissants,
die noch wirklich nach Butter duften.

„Wir profitieren von der magischen Aus-
strahlung dieser Stadt", sagt der Honey-
moon-Experte, der im Quartier Latin zur
Schule gegangen ist. „Wenn von Paris die
Rede ist, haben alle Menschen dieselbe ro-
mantische Vision, Amerikaner wie Chinesen." Pierre und Leona schöpfen aus dem
Mythos. Sie stellen Hochzeitspakete zusammen, vom Abholen am Flughafen, gern
im Maserati, über den Blumenschmuck im
Hotel und die nächtliche Flussrundfahrt
bis hin zum Diner im verschwiegenen Lokal im Marais oder zum Déjeuner im Ster-
ne-Restaurant Jules Verne auf dem Eiffelturm – in 123 Metern Höhe. „Wir sind wie
gute Köche und wählen auf dem Markt der
Attraktionen dieser Stadt die besten Pro-

dukte aus", meint Pierre. Dann wünscht er
viel Glück – für die Liebesexpedition.

Mit der Métro geht es nach Saint-Germain-des-Prés. Es ist laut. Eng. Riecht
nach der Hektik Abertausender Menschen. Hier, im Untergrund, verlieren die
Pariser viel Zeit ihres Lebens, in zugigen
Gängen, vollen Zügen. Eine Bekannte, die
seit Langem hier lebt, hat einmal gesagt,
die typische Pariserin – das Sinnbild einer
raffiniert-verführerischen Großstädte-
rin – habe einen „Zitronenmund", weil die
Diskrepanz zwischen Anspruch und Alltag
sie ständig säuerlich lächeln lasse. Davon
möchten die Millionen Paris-Verliebten
aus aller Welt nichts ahnen. Sie suchen keine reale Stadt, sondern einen imaginären,
von Künstlern, Romanciers und Chanson-
niers ersonnenen Ort voller Charme, Esp-

rit und Magie, an dem sich leichter, leidenschaftlicher und kultivierter leben lässt als in Denver, Kuala Lumpur oder Bremerhaven.

Natürlich versteht es Paris, sein Image zu pflegen und sich, stupor mundi, als Stein gewordene Illusion zu präsentieren. Saint-Germain-des-Prés zum Beispiel. Es ist ein sonniger Herbstnachmittag. Voll klarer Farben, kräftiger Schatten. Auf dem Platz vor der romanisch-gotischen Basilika singen Mädchen unter koketten Strohhüten Gospellieder. Drinnen wird Hochzeit gefeiert. Die Braut ist aus Frankreich, der Bräutigam aus El Salvador. Der Pfarrer predigt, es kommt uns spanisch vor. Die Liebe ist grenzenlos in Paris.

Gegenüber der Kirche liegen zwei jener Cafés, die den Mythos nähren und nach Woody Allens „Midnight in Paris" duften: Les Deux Magots und das Café de Flore. Hier feierten, philosophierten, schrieben, schäkerten, lebten und liebten sie, die Kinder des Olymp, die Dichter, Denker und Maler, Apollinaire, Rimbaud, Picasso, Hemingway, Sartre, Simone de Beauvoir. „Wir fragten nicht nach Geld, die Liebe und der Ruhm, das war für uns die Welt", sang viele Jahre danach Charles Aznavour in seinem Chanson „La Bohème".

Ernest Hemingway, ein Star der „Lost Generation", jener jungen, amerikanischen Intellektuellen, die in den zwanziger Jahren Paris erleben durften, worum sie nicht nur Woody Allen noch heute beneidet, hat diese Bohème in seinem Erinnerungsbuch „Paris – ein Fest fürs Leben" verklärt und einiges zum Mythos der Stadt und ihrer Cafés beigetragen. Der junge Schriftsteller, der später Nobelpreisträger werden sollte, sitzt in einem Lokal. Er schreibt. Bestellt ein Glas Rum. Beobachtet ein Mädchen. Schreibt weiter: „Ich habe dich gesehen, du Schöne, und jetzt gehörst du mir, auf wen du auch wartest, und wenn ich dich nie wiedersehe…du gehörst mir, und ganz Paris gehört mir." Aus solchen Szenen haben Generationen ihr Bild der Stadt erdichtet.

Heute sitzen auf den Terrassen kaum mehr arme Literaten. Ein Pastis im Café de Flore kostet neun Euro, Romantik-Zuschlag inbegriffen. Dafür lassen sich nicht nur Touristen beobachten, sondern auch die hiesige Jeunesse dorée. „Die Pariser Frauen sind immer schick, und die Männer großzügig", sagt die Hochzeits-Expertin Leona. Wer sollte ihr da widersprechen.

Nördlich des Platzes, Richtung Seine, geht es durch kleine Straßen, gesäumt von Boutiquen und Galerien. Mittendrin liegt die Place de Furstenberg, für manche der romantischste Platz der Stadt. Vor der Laterne unter den Catalpa-Bäumen, die im Sommer so blau blühen wie die Blumen der Romantik, lassen sich Verliebte fotografieren. Es ist angenehm still hier und in den umliegenden Sträßchen. Paris kann gemütlich sein. Dann tritt man hinaus auf die Quais entlang der Seine, und das grandiose Paris blendet mit Pracht und imperialer Weite. Der Louvre, die Gärten der Tuilerien, die Place de la Concorde und weiter, die Champs-Élysées hinauf, diesen gigantischen Laufsteg der Massen. Noch vergnüglicher als zu Fuß ist es auf dem Deck der Doppeldeckerbusse, am Abend, wenn die Stadt sich ihr Kleid aus Lichtern überwirft wie eine Diva ihre Robe. „Aux Champs-Élysées", singt Joe Dassin. „Wir kennen uns seit gestern erst, doch wenn du jetzt nach Hause fährst, dann sagen zwei Verliebte leise: Au revoir."

Amourös geht es auch auf dem Pont des Arts zu, aber diesmal ganz verbindlich. Tausende Paare haben Vorhängeschlösser an die Gitter der Brücke gehängt und die Schlüssel in den Fluss geworfen, um auf immer einander zu gehören. Liebe in Ketten? In Paris? Drüben, an den Ständen der Bouquinisten, gibt es für wenige Euro neue Schlösser zu kaufen, für alle Fälle. Der Pont des Arts gilt als Brücke der Verliebten, schon allein wegen der Aussicht auf die Seine, die Île de la Cité und den Pont Neuf. Spielt dort nicht…? Richtig: der Film „Die Liebenden von Pont Neuf", jenes Gefühlsdrama um einen Clochard und eine obdachlose Malerin, gemimt von Juliette Binoche. Wohin der Spaziergänger auch blickt in Paris, überall wähnt er sich zu

Hause, weil er in den Kulissen berühmter Filme wandelt und auf den Spuren eines Amerikaners in Paris „Die fabelhafte Welt der Amélie" durchstreift.

„Da stehe ich auf der Brücke und bin wieder mitten in Paris, in unserer aller Heimat", schreibt Kurt Tucholsky.

Große Gefühle machen müde. Auf den Bäumen der Grünanlagen hinter Notre Dame singen die Amseln, darunter, auf den Bänken, schnäbeln die Pärchen. Ganz Paris träumt von der Liebe. Georges Brassens besingt „Les Amoureux des bancs publics" – „Die frisch Verliebten schmusen auf der Bank im Park."

Drüben, auf dem rechten Seine-Ufer, drehen im Winter die Paare ihre Kreise, auf der Eisbahn vor dem Rathaus. Auf diesem Platz entstand auch das Bild „Le Baiser", „Der Kuss", des Fotografen Robert Doisneau. Die Geschichte des Fotos erzählt einiges über Paris und die Liebe. Lange hielten die Menschen den Kuss für einen Schnappschuss. Später stellte sich heraus: Es war eine Auftragsarbeit – und die Liebenden waren Schauspielschüler. Schein und Sein an der Seine sind kaum zu unterscheiden.

Enttäuschte Erwartungen stürzen manche Paris-Touristen in eine Verwirrung der Gefühle. Unter Japanerinnen grassiert gar ein „Paris-Syndrom". Dutzende von ihnen erleiden an der Seine alljährlich Depressionen, weil sie der Spagat zwischen Illusion und Realität zerreißt. Paris mit seinem Ballungsraum von zehn Millionen Menschen kann schmutzig, lärmend, kalt, abweisend und verstörend unübersichtlich sein.

Leona und Pierre sagen, sie wollten Hochzeitspaare vor solchen Traumata bewahren. Daher stellen sie Führer für nächtliche Rundgänge zur Verfügung, gemütliche Appartements und Hotels. „Eine Hochzeitsreise muss einmalig sein", sagt Pierre. Das gelte besonders für die Unterkunft. „Denn man verbringt ja viel Zeit im Bett."

Paris ist jedoch nicht nur die Stadt der „lune de miel", des Honigmondes, wie hier die Flitterwochen heißen. Auch manche Liebestragödie hat sich hier abgespielt.

Seine und Bohème:
Paris kann gemütlich sein, aber an den Quais
entlang des Flusses blendet die Stadt mit
Pracht und imperialer Weite.

An der Place de l'Alma gedenken viele Menschen der Stelle, an der Prinzessin Diana und ihr Freund Dodi Al-Fayed, von den Paparazzi gehetzt, zu Tode kamen. Quasimodo, der Glöckner von Notre Dame, starb am Grab seiner angebeteten Esmeralda. Und in den mysteriösen Kellern der Garnier-Oper verzehrte sich das Phantom der Oper nach der Sängerin Christine. Mon Dieu!

Die Liebe schreibt viele Geschichten, glückliche und triste, erhabene und banale. Paris bietet für alle eine grandiose Kulisse; und es gibt sich seit Jahrhunderten toleranter als andere Städte. Libertinage oblige. Am Boulevard Clichy und an der Place Pigalle schlägt sich das heute in Sex-Kinos und Eros-Centern nieder. Im Moulin Rouge schwingen dreiviertelnackte Tänzerinnen ihre Beine vor betuchten Gästen, Spektakel, die einst schon Henri de Toulouse-Lautrec verewigte, wobei die Damen damals bekleideter, zugleich aber anzüglicher waren. Hier, im Dunstkreis der Place Pigalle, entdeckte später ein Nachtclubbesitzer Édith Piaf, die eines ihrer Alben „La Rue Pigalle" nennen sollte.

Ein paar Gehminuten weiter nördlich, an der Place des Abbesses, wartet ein anderes Monument der Liebe: „Le mur des je t'aime". „Ich liebe Dich" – diesen Satz hat der Künstler Frédéric Baron in 311 Sprachen auf eine Mauer aus Lava-Kacheln geschrieben. Die Liebeswand steht am Ende eines kleinen Parks, den ein Wächter versperrt. Er müsse jetzt schließen, sagt er. Doch als unsere Begleiterin „Isch liebe disch" flüstert, gibt er ein paar Minuten hinzu. Vor der Wand wartet ein asiatisches Pärchen, das einem seinen Fotoapparat entgegenreckt, als gehe es um Errettung vor dem Ertrinken. „Picture, please!", schmachten die beiden. Sie kommen aus Hongkong und erleben, so sagen sie, die Liebe hier. Oh là là!

Steil steigen die Stufen zum Montmartre hinauf. Ein Gitarrist versüßt die Mühen mit einem Lied über La Bohème. Oben blickt, grell weiß und überirdisch wie Dantes Läuterungsberg, die Basilika Sacré-Cœur auf das Sündenbabel an der Seine hinab. Paris ist eine Stadt der Lichter. Von hier oben funkeln sie besonders verführerisch. Hier, auf dem Hügel des Martyriums des heiligen Dionysius, liegt die fabelhafte Welt der Amélie. Auf der Place du Tertre und in den umliegenden Gassen ist das Klischee vom romantischen Paris mit Händen zu greifen. Und doch: Der alte Zauber, millionenfach bemüht, er wirkt immer weiter.

Paris ist eine Verführerin, eine Circe, die ihre Opfer nicht in Schweine, sondern in Kunst verwandelt. Das Kochen, die Mode, die Liebe, alles wird hier zur Kultur. Das macht die Stadt charmant und kapriziös, glitzernd, champagner-leicht und bedeutungsschwer zugleich.

Drüben an der Place d'Italie, an die sich kaum Touristen verirren, sitzen Pierre und Leona in ihrem Büro und packen die Wunder von Paris in Reisepäckchen, für Hochzeitspaare. „Paris nous voilà" – 1600 Euro. „True Romance" – 2300 Euro. Pierre und Leona erwarten ein Kind und wollen, wenn alles gut geht, vielleicht einmal selbst heiraten. Wohin dann die Hochzeitsreise geht? Pierre überlegt. Budapest? La Provence? Leona legt ihm die Hand auf die Schulter: „Warum sollen wir reisen? In Paris ist doch schon der Alltag sooo romantisch."

VON PETER MÜNCH

AUF DEN SPUREN DES HERRN

Der „Jesus Trail" von Nazareth zum See Genezareth:
eine Osterwanderung auf dem rechten Pfad
zwischen religiösen Gefühlen und sportlichem Genuss

Man muss ja nicht gleich
übers Wasser laufen –
alleine nach tagelangem
Wandern am See Genezareth
anzukommen, ist
eine wunderbare Sache.

Grün wie Neuseeland: Die Landschaft Galiläas ist äußerst abwechslungsreich. Die Streckenführung orientiert sich an alten Pfaden und Römerstraßen.

Ein neuer Bus ist eingetroffen vor der Verkündigungskirche in Nazareth, frische Pilgermassen drängen ins Gotteshaus. Hier hat schließlich alles angefangen, und vor der Grotte, in der der Erzengel Gabriel der Jungfrau Maria die Geburt des Sohnes verheißen haben soll, balgen sich die Betenden um die besten Plätze. Mehr eilig als heilig geht es zu, hundertfaches Geflüster dröhnt durchs Betonrund, und für Erleuchtung sorgen allenfalls noch die Blitzlichter. Selig ist, wer diesem Rummel entkommen kann.

Gleich hinter der Kirche führt ein Pfad hinaus aus der Stadt und hinein in ein Pilgererlebnis der anderen Art. Wiesen und Wälder, Ruhe und Besinnung – all das ist zu finden auf dem Jesus Trail, der von Nazareth aus nach Kapernaum führt am See Geneza-

reth. Der Weg ist das Wunder, denn zu Fuß lässt sich das Heilige Land ganz anders erspüren als im klimatisierten Reisebus. Was man braucht, ist gutes Schuhwerk und ein gutes Buch. Schließlich hält die Bibel hier am Ort ihrer Handlung tatsächlich Antworten für alle Lebenslagen parat – und wenn es sein muss, hilft sie schon beim Packen, siehe Markus 6,8. Da sendet Jesus seine Jünger aus und erklärt ihnen, was sie alles nicht mitnehmen sollen auf ihrem Weg: „Kein Brot, keine Tasche, kein Geld im Gürtel."

Das mag eine jener Bibelstellen sein, die man heute eher im übertragenen Sinne verstehen sollte, aber folgern lässt sich daraus, dass sich der Wanderer am besten mit leichtem Gepäck aufmacht. Denn allzu viel Ballast könnte drücken auf dem 65 Kilometer langen Pfad, der anno 2009 nach Christi

Geburt eröffnet und mit orangefarbenen Zeichen markiert wurde. Die Idee dazu hatten der Israeli Maoz Inon, der eine Herberge in Nazareth betreibt, und der amerikanische Wanderfreund David Landis. Vorbild ist der Jakobsweg nach Santiago de Compostela, ein Pfad, der jährlich von 180 000 Menschen ausgetreten wird. Auf dem Jesus Trail geht es mit nur 1000 Wanderern pro Jahr viel ruhiger zu.

Dabei kann der Pilger hier auf jenen Pfaden wandeln, die definitiv zum Revier des Herrn gehörten. „Er zog in ganz Galiläa umher", heißt es beim Evangelisten Matthäus, „und er verließ Nazareth, um in Kapernaum zu wohnen, das am See liegt." Auf diesem Weg kann man ihm heute nachfolgen, und die Streckenführung orientiert sich an alten Pfaden und Römerstraßen – wobei es letzt-

Im Geiste Jesu: Vorbild für den Trail war der Jakobsweg
nach Santiago de Compostela –
allerdings geht es hier viel ruhiger als in Spanien zu.

lich doch mehr darum geht, im Geiste Jesu zu wandern als wirklich in seinen Fußstapfen. Im Zweifel also hat die Schönheit des Weges Vorrang vor der Authentizität. Vier Tagesetappen sind mit Einkehr- und Übernachtungsmöglichkeiten vorgegeben, doch wer ein wenig speed-pilgert, kann es ohne großen Kontemplationsverlust auch in drei Tagen schaffen. Denn spirituell mag der Pilgerweg ein Aufstieg sein, real ist er ein meist leicht zu gehender Abstieg – von 200 Metern über Meereshöhe in Nazareth auf minus 200 Meter am See Genezareth.

Geschenkt wird dem Wanderer dennoch nichts, der Glaube versetzt noch längst nicht jeden Berg – und schon gar nicht all die Müllberge, die sich beim Auszug aus Nazareth am Wegesrand aufhäufen. Doch je weiter man sich von der quirligen Stadt entfernt,

Gastfreundschaft und Fürsorge für Fremde dürfen als unerwartete Sehenswürdigkeiten auf dieser Tour gelten – bereichernde Begegnungen, die man nicht suchen kann, sondern nur finden.

desto grüner und sauberer wird der Weg. Schnell ist kein Asphalt mehr unter den Füßen, sondern frühlingsregenbraune Erde, die Natur feiert sich selbst in Blütenpracht, und auf dem Weg durch Felder und Olivenhaine trifft man immer wieder arabische Großfamilien, die mit dem halben Hausrat samt Stereoanlage zum Grillfest ausgerückt sind. Nicht selten wird der Wanderer dazugebeten, selbst wenn er als Sonderling gilt, weil er zu Fuß statt mit dem Auto im Wald unterwegs ist. Starker Kaffee wird gereicht, mit Händen und mit Füßen kommuniziert, und beim Aufbruch darf man darauf zählen, dass die Kinder neugierig noch ein Stück des Weges mitlaufen. Diese Gastfreundschaft und die Fürsorge für Fremde dürfen als unerwartete Sehenswürdigkeiten auf dieser Tour gelten – bereichernde Begegnungen, die man nicht suchen kann, sondern nur finden.

Dabei ist der Weg gewiss auch nicht arm an anderen Sehenswürdigkeiten, an Kirchen ebenso wie an Moscheen oder Synagogen, die die Vielfalt dieses Landes spiegeln, das so vielen Religionen heilig ist. Auf halber Strecke der ersten Tagesetappe lohnt sich gleich ein Abstecher zu den Ausgrabungen der alten Stadt Sepphoris, die zu Zeiten Jesu als Galiläas Schmuckstück galt. Im ersten Jahrhundert wuchs die Stadt zum reichen Handelszentrum heran, und es gibt Spekulationen, dass sich der Zimmermann Josef und vielleicht sogar der Heiland höchstpersönlich hier auf dem Bau verdingt haben. Wer das glaubt, blickt gewiss noch ganz anders auf die wunderschönen Mosaiken, die erhalten geblieben sind.

Von dort aus geht es weiter durch Wälder und Felder, und der tiefere Sinn des Wanderns erschließt sich dabei Schritt für Schritt: Es kommt auf die Bereitschaft an, sich auf den Weg zu machen, alles andere geht dann meist wie von selbst. Die Gedanken entwickeln sich mit der Bewegung, die äußere Aktivität verhilft dem Pilger zur inneren Reise. Eine Kirche kann dann nach einem langen, einsamen und erfüllten Tag in der Natur schon ein Kulturschock sein.

Kfar Kana, das biblische Kana, ist der Endpunkt der ersten Tagesetappe. Hier hat Jesus auf dem Weg zum See sein erstes Wunder vollbracht, und verglichen mit den späteren Krankenheilungen und Totenerweckungen war es eine eher leichte und feucht-fröhliche Übung. Als auf der Hochzeit zu Kana die Getränke ausgingen, da hat er Wasser zu Wein verwandelt, und dem Evangelisten Johannes zufolge muss es viel Wein gewesen sein und obendrein ein außergewöhnlich guter. Er berichtet von „sechs steinernen Wasserkrügen, und in jeden gingen hundert Liter". Kein Wunder ist es allerdings, dass heute überall in Kana der „Wedding Wine" angeboten und zu Geld verwandelt wird. Die frommen Besucher, deren Busse sich vor der „Hochzeitskirche" stauen, greifen allzu gerne zu. In der Kirche sammeln sich dann die Paare, um manch vielleicht verstaubtes Hochzeitsversprechen zu erneuern. Ruhe kehrt erst am Abend ein.

Für manchen ist das zu viel Ruhe, zum Beispiel für Samih Abu Daoud, der das einzig wirkliche Restaurant des Ortes betreibt. Weil die Falafel- und die Pizzabuden alle schon die berüchtigte Hochzeit im Namen führen, hat er sein Lokal „Le Nozze di Cana"

genannt – italienisch, klar, das soll Feinschmecker in Massen anlocken. An diesem Abend aber herrscht wieder einmal gähnende Leere, was den Chef jedoch nicht daran hindert, ein wunderbares Menü auf den Tisch zu zaubern. Das gibt die nötige Bettschwere für die einzige wirkliche Pension im Ort, in der ein freundliches arabisches Ehepaar die Gäste auch zum Fernsehschauen in der Wohnstube mit einlädt. Zwei ältere Pilgerinnen sind auch noch zugegen, eigens für diesen Weg angereist aus den USA und aus Australien. Ein langer Anlauf für diese kurze Strecke, doch die Damen sind beseelt vom Genius Loci. Für andere steht eher die Natur im Vordergrund oder auch der sportliche Ehrgeiz, zum Glück führen viele Wege auf den Pilgerpfad, und dort haben Buße oder Gelübde ebenso ihren Platz wie der Genuss.

Gestärkt von einem üppigen Frühstück geht es am Morgen weiter gen Osten, der Sonne entgegen. Schon bald bieten sich spektakuläre Blicke über grüne Hügelketten bis hinauf zum schneebedeckten Mount Hermon. Bisweilen ist es nicht ganz leicht, die Wegmarkierung zu finden. Wer sie verpasst, wird mit längeren Marschetappen entlang der Hauptstraße bestraft. Doch irgendwann kehrt man immer wieder auf den rechten Pfad zurück.

Wer früh genug startet, kann die zweite Tagesetappe im Kibbuz Lavi schon mittags abschließen und sich im dortigen Gästehaus, umringt von zumeist streng orthodoxen jüdischen Urlaubern, mit einem koscheren Mahl stärken. Am Sabbat allerdings bleibt die Küche kalt, da empfiehlt es sich, Verpflegung mit auf den Weg zu nehmen. An wunderschönen Picknick-Plätzen besteht kein Mangel, und wer sich von den allfälligen Grausamkeiten der Geschichte nicht abschrecken lässt, kann sich bald hinter dem Kibbuz bei den „Hörnern von Hittin" niederlassen. Benannt sind sie nach zwei Felsen, ringsherum ist blutgetränkte Erde. Im Juli 1187 hatten die Kreuzritter hier eine vorentscheidende Schlacht gegen die Truppen Saladins verloren, drei Monate später fiel Jerusalem.

Das allerdings liegt weit zurück – weiter vorn dagegen wird hier zum ersten Mal der Blick auf den See Genezareth frei. Bis zum Etappenende am Berg Arbel folgt nun der landschaftlich schönste Teil der Wanderung – felsig wie in den bayerischen Alpen, grün wie in Neuseeland, abwechslungsreich, wie es typisch ist für Israel . Einen Abstecher lohnt noch das Drusen-Heiligtum Nebi Schueib, wo Jethro begraben liegen soll, der

Schwiegervater von Moses. An Wochenenden weist ritueller Rauch den Weg dorthin, weil Nebi Schueib von Pilgerscharen zugleich als Verehrungs- und Grillplatz genutzt wird.

Bevölkert sind die Täler hier ansonsten nur von Kühen, Schafen und Ziegen. Bäche sind zu queren ohne Brücken, im Frühjahr zwingt das nicht selten dazu, Schuhe und Strümpfe auszuziehen. Manchmal hilft es, sich an Ästen festzuhalten, manchmal haben die Äste Dornen – das sind die naturnahen, aber unangenehmen Momente.

Der landschaftlich schönste Teil der Wanderung führt am Berg Arbel vorbei. Er erhebt sich am Westufer des Sees – das Ziel hat man von hier aus bereits fest im Blick.

Entschädigt wird der Wanderer am Abend in Moschav Arbel mit einer wunderschönen Pension samt Restaurant. Es mögen Muskeln schmerzen, von denen man gar nicht wusste, dass man sie hat, und Blasen an den Füßen haben das Laufen auch nicht leichter gemacht. Doch hier im Gästehaus der Familie Schavit kann man nicht nur Pilgergeschichten austauschen, sondern auch Pflaster und Ibuprofen.

Hier verläuft ein Mountainbike-Pfad, der am Ufer des See Genezareth in einen Spazierweg mündet durch Oliven- und Obsthai-

ne und Felder mit Bananenstauden. An dessen Ende ballt sich die Heiligkeit, und damit ballen sich auch wieder die Busse. Tabgha liegt hier mit der Brotvermehrungskirche, der Berg der Seligpreisungen, auf den Jesus zur Bergpredigt stieg, und Kapernaum, die Heimat von Petrus und die Wahlheimat Jesu. Zu den neuzeitlichen Wundern zählt, dass es im deutschen Pilgerhaus einen hervorragenden Apfelstrudel gibt. Hier kann man dann auch die wunden Füße im See baden. Man muss ja nicht gleich weiterlaufen übers Wasser.

VON SILKE BECKEDORF

HOCH DIE HUMPEN

Das Rauschgetränk der Äthiopier heißt Tej.
Der Honigwein wird gern in
Gesellschaft genossen. Er macht die Männer fröhlich –
und die Frauen ratlos.

Um das Getränk der Kaiser zu finden, durchquert man einen ganz normalen Imbiss im Herzen von Addis Abeba. Zwei Jugendliche drehen an einem Kicker, ein an die Decke geschraubter Fernseher murmelt vor sich hin. Gedämpft dringt das Stimmengewirr vom Mercato herein, einem der größten offenen Märkte in Afrika. Wer nicht darauf achtet, würde die unscheinbare Tür in der Rückwand gar nicht bemerken, auf die der Kellner zeigt. Wir stolpern im Halbdunkel einige Stufen hinab und tasten uns durch einen schmalen Gang. Dann stehen wir mitten in einem Tej-Bet, einem „Haus für Honigwein".

Der Geruch von Vergorenem erfüllt den großen, fensterlosen Raum. Auf Bänken sitzen an die 200 Männer, die meisten sind dünn und in fröhliche Unterhaltungen vertieft. Vor ihnen stehen kleine bauchige Flaschen, die an Rundkolben aus dem Chemieunterricht erinnern. Sie sind mit einer buttergelben Flüssigkeit gefüllt. Dieser Zaubertrank heißt Tej, gesprochen Tedsch, gebraut aus Wasser, Honig und Gesho, den Zweigen des Afrikanischen Faulbaumes. Er versetzt die Männer in hervorragende Stimmung. Knapp zehn Prozent Alkohol hat das Getränk, etwa so viel wie Wein. Mit dem, was Deutsche unter Honigwein verstehen, hat es allerdings nicht viel gemein. Tej schmeckt anders. Bitterer. Er sieht anders aus. Gelber. Und er ist so fest in den Köpfen der Äthiopier verankert wie Bier im Bewusstsein der Deutschen. Wie Bier wird er gern in Gesellschaft genossen – entweder zu Hause oder in den Bars, die nichts anderes ausschenken als Honigwein. Mehr als 500 dieser Bars gibt es allein in der Hauptstadt.

Indaleh Degenetu betreibt das Tej-Haus am Mercato seit 40 Jahren. Viele seiner Kunden verdienen ihr Geld als Tagelöhner. Sie kommen meist nach der Arbeit, wenn Geld da ist, manchmal auch statt der Arbeit. Der 60-Jährige hat das Tej-Bet von seinem Vater geerbt, inklusive der ältesten Stammkunden. Tadesse Mogesse gehört dazu. Er war früher Fahrer, jetzt

hat er die Autos an die Kinder abgegeben. Sein viertes Fläschchen steht vor ihm. Wie oft er kommt? Na, jeden Tag. Was sagt die Frau dazu? Er kichert. Die kennt das schon. Degenetu lauscht aufmerksam, als sein Stammkunde erzählt. Früher habe es hier in der Gegend noch mehr Tej-Bets gegeben, sagt er. Viele hätten aufgegeben, zu Hotels umgebaut oder sonst etwas anderes gemacht. Er weist auf die Kundschaft, von der die Mehrheit in der zweiten Lebenshälfte angekommen ist. Die Jugend? Ja, die Jugend. Die will etwas anderes. Die Zeiten ändern sich, die Bräuche auch. Die Jugend trinke wohl lieber westliche Sachen. Trotzdem kann er nicht klagen. Der Laden läuft.

„Meine Frau kennt das" zählt zu den Sätzen, die man in vielen Tej-Bets zu hören bekommt. Aber akzeptieren die Frauen es auch? In einem namenlosen Tej-Bet in Gondar beginnen um 18 Uhr die Mobiltelefone zu läuten. Die amharischen Erklärungen, die durch das Netz geschickt werden, klingen immer eindringlicher. Auch hierher kommen viele der Männer jeden Tag, um miteinander zu trinken und zu reden. „Die Bank macht uns zu Freunden", sagt Gurum Tezabu. Der 32-Jährige arbeitet als Träger. Genau wie in Addis Abeba sind es in der alten Kaiserstadt Gondar eher die einfachen Leute, die sich in den Tej-Bets sammeln. Gegen sieben klingelt Tezabus Mobiltelefon zum zweiten Mal. Seine Verlobte bringt sich in Erinnerung. Er geht ran, redet, legt auf, sie ruft ein drittes Mal an. Nach dem vierten Anruf steht er auf und entschuldigt sich. Dann geht er.

Draußen hat sich der Himmel über der Kaiserstadt mit Sternen bezogen. Die Schneider wuchten ihre Nähmaschinen von den Bürgersteigen in die Läden und verschließen sie mit Holzklappen. Die Motoren der Tuktuks surren, ihre schwachen Scheinwerfer durchschneiden die Dunkelheit. Im Abekelsh-Tej-Bet, dem ältesten Haus am Platz, ist auch nicht mehr viel los. Nur ein paar Männer sitzen auf den Bänken. Immerhin zupft dort ein Asmari, ein Sänger, auf seiner einsaitigen Violine.

Es ist kein besonders langer Weg von der Wabe bis zur Theke.
Fast die gesamte Honigernte des Landes wird zu Alkohol vergoren.
Nicht immer wird dabei sauber gearbeitet.

Ostern, Weihnachten oder Meskel, die „Wiederfindung des wahren Kreuzes", all diese Feste kann sich die christliche Mehrheit der Äthiopier kaum ohne Tej vorstellen. Bis zum Anfang des 20. Jahrhunderts blieb das Tej-Brauen der Aristokratie vorbehalten. Seither mischen alle kräftig mit, jede Familie nach ihrem eigenen Rezept. 7,8 Liter trinkt jeder Äthiopier im Schnitt pro Jahr. Das macht fast 700 Millionen Liter Honigwein. Dafür braucht man eine Menge Honig. Wo kommt der her?

Ayalew Kassaye, einer der besten Kenner der Imkerei in Äthiopien, sitzt in einer Bar in der Nähe des alten Palastes von Haile Selassie in Addis Abeba, vor ihm die buttergelb gefüllte Kugelflasche. „Äthiopien bietet gute Bedingungen für Bienen, wir produzieren viel Honig", sagt er. 1974 begann er, die Imker auszubilden, in einem Jahr, das ins Gedächtnis der Äthiopier tief eingebrannt ist. Im Juni hielt er sein Universitätszeugnis in den Händen, im September fuhren die putschenden Militärs den letzten Kaiser Äthiopiens in einem VW-Käfer durch die Straßen der Hauptstadt. Kassaye brachte den Imkern bei, wie man sauber gefilterten Tischhonig erntet. Die Gewohnheiten der Äthiopier konnte er nicht ändern. „Sie verarbeiten nach wie vor fast alles zu Tej", sagt er. 90 Prozent der Ernte des bienenreichen Landes werden zu Alkohol vergoren, schätzt Kassaye. Falls das nicht reicht, gibt es Kniffe, mit denen man Wasser zu Tej machen kann. Statt Honig nimmt man ein wenig Zucker, Kurkuma als Farbe – auch diese Mischung lässt sich zu trinkbarem, günstigen Alkohol vergären. Er kennt die Zeichen, mit denen Familien in den entlegenen Dörfern ihr Getränk anpreisen. Ein gelber Topf auf einen Stock gestülpt zeigt an, dass in diesem Haus gerade Tej zu haben ist.

Wenn man Kassaye auf den Konsum der Männer in den Tej-Bets am Mercato anspricht, wiegt er den Kopf. „Tej ist ein dummes Getränk", sagt er. „Es macht dich süchtig, und am Ende zerstört es deine Leber." Alkoholsucht steht nicht auf der Agenda der Hilfsorganisationen. „Sie haben gute Arbeit gemacht, was HIV anbelangt", sagt Kassaye. Die Trinker bleiben hingegen mit ihrer Sucht allein. „Wenn sie angetrunken sind, gehen sie zu den Prostituierten. Wenn sie richtig betrunken sind, dann haben sie noch Glück

*Tej ist so fest in den Köpfen der Äthiopier verankert wie Bier
in Deutschland. Vor allem ältere Männer schätzen den Honigwein.
Die Jugend verlangt nach westlichen Getränken.*

im Unglück. Sie werden nur ihr Geld los, aber verbreiten das Virus nicht weiter."

Konsumiert wird Tej meist von Männern, gebraut häufig von Frauen. Oft sind es Unternehmerinnen wie Tigist Eshetu, die den Honig im großen Stil zu Wein verarbeiten. Ihr Tobia-Tej liegt fernab der Slums, die sich um den Mercato schmiegen. Hier parken große Autos vor den Hotels. Supermärkte bieten Snickers und abgepackte Zahnbürsten an. Die Betonwände der Neubauten wachsen aus dem Staubboden. Äthiopiens Wirtschaft boomt, und an der Haile Selassie Road kann man das sehen. Im Tobia-Tej tragen die Stühle blaue Stoffhussen. An den Wänden unter der Pergola hängen gerahmte Bilder von Haile Selassie einträchtig neben Bob-Marley-Plakaten. 500 Plätze bietet das Tobia – am Samstagabend sind alle

besetzt. Junge Männer halten Händchen mit ihrer Freundin, kleine Gruppen gut gekleideter Äthiopier führen ihre westlichen Freunde aus, Kellner jonglieren Flaschen durch die Sitzgruppen und schenken nach. Offenbar ist es doch möglich, Jugendliche und auch Frauen für Tej zu begeistern. Wie funktioniert das? Tigist Eshetu lässt sich mehrfach bitten. „Sie hat keine Zeit", sagt der Kellner. Dann erscheint die Geschäftsführerin doch noch. „Es ist unser Konzept", sagt sie, „und die hohe Qualität von unserem Tej." Etwas gelangweilt lehnt sie sich zurück und klickt sich durch die Bilder auf ihrem Smartphone. Kaiser Haile Selassie ist darauf zu sehen, wie er seine zahmen Löwen streichelt, ihr Neffe, der in Amerika lebt, ihr Bruder, der als Chirurg arbeitet. Sie stamme aus der Blutlinie von Ras Mes-

fin, sagt sie, des ehemaligen Innenministers unter Haile Selassie. Ras Mesfin war Geschäftsmann und beteiligt an Saba-Tej, dem staatlichen Abfüllbetrieb für äthiopischen Honigwein zu Selassies Zeiten. Ihre Großmutter arbeitete bei Saba-Tej, von ihr hat sie die Technik gelernt, mit der sie heute 10 000 Liter ihres Spitzenweines gleichzeitig verarbeiten kann. Sie beliefert große Hotels in Addis Abeba. Viele der wichtigen Tanzbars für Touristen servieren Eshetus Tej. Ob man sie fotografieren dürfe? Keinesfalls, das blaue T-Shirt mit der Strasskatze darauf sei nicht schick genug. Sie habe ein Foto, das könnten wir haben. Sagt sie, steht auf und kommt nicht wieder. Die Gäste heben ihre Flaschen und trinken: Es schmeckt bitter und süß, prickelnd und berauschend, das Getränk der Kaiser.

VON TOM NOGA

GIRLS VON GESTERN

Im Vergnügungspark
Weeki Wachee leben die letzten
Meerjungfrauen Floridas.

Bereit zum Auftritt. Frösteln gehört dazu. Das Wasser hat nur 22 Grad. Ansonsten ist Meerjungfrau ein Traumjob.

Weeki Wachee ist schnell verfehlt, jedenfalls wenn man auf Highway 19, Floridas achtspuriger Küstenstraße, den Blick streng nach vorne richtet. War da nicht etwas? Eine Achterbahn? Eine Rutsche? Und sehen die Pfähle mit der Totenkopf-Fahne, die zwischen den Mangroven hervorlugen, nicht aus wie die Masten eines Piratenschiffs? Also wenden.

Der Parkplatz ist eher ein Plätzchen, verglichen mit den endlosen Abstellflächen, mit denen das zwei Autostunden entfernte Disney World aufwartet. Und ist doch nur spärlich gefüllt. Auch drinnen wirkt alles beschaulich. Ein Spielplatz, eine Lagune, ein paar Imbissbuden. Durch einen Tunnel geht es hinab in ein unterirdisches Amphitheater. Im Eingang eine junge Frau in einem meerblauen Bikini. „Willkommen in Weeki Wachee", begrüßt sie die Besucher.

Das Amphitheater besteht aus acht Sitzreihen vor einer verhangenen Glasfront. Das Holz auf den Bänken ist abgeblättert, Lehnen gibt es nicht. Dahinter ein Plastikthron, grünlich und verkrustet, als hätte er Jahrzehnte auf dem Meeresboden gestanden. Darauf sitzt Shannon Tooker, Mermaid Shannon, wie sie betont. Sie trägt Bikinioberteil und Flossenkostüm, beides in Lila, die blonden Haare fallen ihr lockig auf den Rücken. Zwei kleine Mädchen nähern sich schüchtern. Ob sie ein Foto . . . ? Natürlich, flötet Shannon, die Meerjungfrau, nimmt die beiden in den Arm und knipst ein perlweißes Lächeln an. „Es ist gar nicht so lange her, dass ich selbst so dagestanden habe", erinnert sich Shannon, „ich habe fest geglaubt, dass es Meerjungfrauen gibt."

Das Licht erlischt, zwei Monitore fahren aus der Decke. Zu Musik aus den sechziger Jahren wird die Geschichte von Weeki Wachee erzählt. Während sich die Aufmerksamkeit der Zuschauer auf das Video richtet, schlüpft Shannon aus ihrem Flossenkostüm und gleitet durch eine Tür neben der Fensterfront.

Der Name Weeki Wachee, erfahren die Zuschauer, ist indianisch. In der Sprache der Creek bedeutet wekiwa chee „kleine Quelle".

Tatsächlich entspringt direkt unter dem Amphitheater, in 40 Metern Tiefe, ein Fluss. Die Quelle pumpt Wasser nach oben, das nach 400 Metern wieder versickert und sich unterirdisch in den Golf von Mexiko ergießt. 1947 hat der Marineschwimmer und Hollywood-Berater Newton Perry hier einen Vergnügungspark errichtet – den ersten überhaupt in Florida, der Wiege der amerikanischen Freizeit- und Themenparks. Die Meerjungfrauen waren ursprünglich eine Werbeidee: Sie standen draußen am Highway und winkten urlaubende Familien hinein. Doch bald wurden sie zur eigentlichen Attraktion von Weeki Wachee. Mehr als das, sagt Barbara Wynns: „Wir waren richtige Stars."

Barbara Wynns, blassblauer Trainingsanzug, pechschwarze Mähne, ist eine „mermaid of yesteryear", wie es hier heißt: eine Meerjungfrau aus vergangenen Zeiten. Wobei das so auch nicht stimmt: Von 1967 bis 1969 und von 1972 bis 1975 war sie Mitglied der Mermaid-Revue, das schon. Aber seit 1997 ist sie wieder dabei. Barbara Wynns ist 62 – alt genug, um sich über ihr Alter keine Gedanken machen zu müssen, wie sie kokett sagt. Sie blickt sich um: 400 Zuschauer fasst das Amphitheater, knapp 50 haben sich eingefunden. „Bei meinem ersten Thanksgiving in Weeki Wachee reichte die Schlange über den gesamten Parkplatz bis auf den Highway. Die

---

Die Probleme begannen in den siebziger Jahren. Disney World hatte eröffnet – ein Themenpark der anderen Dimension. Mit Nixen und Bootsfahrten ließen sich die Kinder nicht mehr anlocken.

Leute standen den ganzen Tag an, um unsere neue Show zu sehen."

Der Vorhang öffnet sich und gibt den Blick frei auf eine Unterwasserlandschaft, ein Riff, darauf ein Märchenschloss und eine Schatztruhe. Direkt vor der Glasfront fünf Meerjungfrauen. Sie schwingen die Hüften, breiten die Arme aus, werfen Kusshände ins Publikum. Gegeben wird „Die kleine Meerjungfrau" als Unterwasser-Ballett. Mit Shannon Tooker in der Hauptrolle, als Arielle. Die anderen Nixen bilden einen Ring – Shannon schwimmt hindurch. Ein Zug aus einem der Sauerstoffschläuche, die in der Unterwasserlandschaft liegen, und sie sinkt hinab. Shannon bläst Luft aus ihren Lungen – und schießt Richtung Wasseroberfläche. Eine halbe Stunde dauert die Show, dann tanzen die Meerjungfrauen den Hochzeitsreigen für Arielle und ihren Prinzen.

Nach der Vorstellung. Die fünf Meerjungfrauen haben geduscht. „Sehr warm geduscht", hebt Shannon hervor, denn die Wassertemperatur in der Quelle beträgt nur 22 Grad. Bis auf das Frösteln sei Meerjungfrau ein Traumjob. Shannon ist 21, seit vier Jahren in Weeki Wachee dabei. Sie kommt aus der Gegend, aus Clearwater, und studiert auf Lehramt in Tampa – beide Orte sind eine Autostunde vom Freizeitpark entfernt. Optimal sei das nicht, meint Shannon. Morgens und nachmittags steht sie als Arielle auf der Unterwasserbühne, im Sommer sieben Tage die Woche, im Winter von Donnerstag bis Sonntag. Und die Bezahlung, nun ja, für die Finanzierung des Studiums reicht es nicht, deshalb kellnert sie nebenbei.

In der Garderobe nebenan bereiten sich die „mermaids of yesteryear" auf ihren nächsten Auftritt vor, fünf giggelnde Damen jenseits der 50: Becky, Lynn, Lydia, Suzie. Und Barbara Wynns. In ihrer Jugend war Mermaid ein Vollzeitjob, einer, von dem man prima leben konnte. Die sechziger und siebziger waren goldene Jahre. Florida galt als Urlaubsparadies für jedermann: sonnig, warm, und über Highway 19 aus den Metropolen der Ostküste leicht erreichbar. Themenparks luden die Reisenden zum Verweilen ein, 150 sollen es zeitweise entlang

Schwerelos schweben im sauberen
Wasser – ein Freiheitsgefühl für die Frauen.
Es fehlen ihnen nur Zuschauer.

der 19 gewesen sein. Weekie Wachee gehörte damals dem Unterhaltungskonzern ABC, was die Mädchen von einer Karriere im Showgeschäft träumen ließ. Dafür nahmen sie einiges in Kauf. Die Meerjungfrauen lebten auf dem Gelände, bewacht von Aufsehern. „Drumherum gab's nur Wald", erinnert sich Barbara Wynns.

Die Probleme begannen in den siebziger Jahren. Disney World hatte eröffnet – ein Themenpark der anderen Dimension. Mit Achterbahn, Piratenschiff und betulichen Bootsfahrten auf dem Weeki Wachee River ließen sich die Kinder nicht mehr anlocken. Und die Meerjungfrauen verblassten hinter den immer aufwendigeren Produktionen, mit denen Disney aufwartete. Fast alle kleinen Themenparks gaben mit der Zeit auf. Nur Gatorland mit seinen Reptilienshows hat überlebt. Und Weeki Wachee, lange Zeit mehr schlecht als recht, bis der Staat Florida den Park im Jahr 2008 übernahm und damit eine drohende Pleite verhinderte. Seitdem gilt Weeki Wachee offiziell als State Park.

Barbara Wynns trägt wasserfestes Makeup auf. „Schon komisch", sinniert sie, „im Grunde habe ich mich zeit meines Lebens als Meerjungfrau gefühlt. Diese Quelle hat etwas Magisches, du schwebst schwerelos durch klares, sauberes Wasser, und alles, was du brauchst, ist ein Badeanzug, dazu der Sauerstoffschlauch – das ist das ultimative Gefühl von Freiheit."

Einmal im Jahr treffen sich die ehemaligen Nixen. Dabei ist die Idee entstanden, eine Show mit den „mermaids of yesteryear" auf die Unterwasserbühne zu bringen. 1997 war das, dem Park ging es finanziell schlecht. Dass die Nixen von einst unentgeltlich auftreten wollten, hat den Verantwortlichen die Zusage sicher erleichtert, da macht sich Barbara Wynns keine Illusionen. „Gut, dass wir nicht mehr zu ABC gehören", witzelt Lydia Dodson. Damals lag die Altersgrenze bei 25 Jahren, unter staatlicher Regie gälte eine solche Beschränkung heute als Diskriminierung. Wie Barbara Wynns ist auch Lydia Dodson längst pensioniert. 30 Jahre lang hat sie beim United Parcel Service gearbeitet, der amerikanischen Post. Und kaum im Ruhestand, hat sie bei den ergrauten Meerjungfrauen von Weeki Wachee angeheuert.

„There's magic in the spring", das war einmal die Erkennungsmelodie der Meerjungfrauen von Weeki Wachee. Die „mermaids of yesteryear" wiegen sich im Takt, Arm in Arm. Sie gleiten auseinander, vereinigen sich wieder. Ihre Show ist langsamer und weniger akrobatisch als die der jüngeren, mehr Tanz als Schauspiel. Eine Musikrevue im Stil der fünfziger bis siebziger Jahre, zu Elvis, Doris Day und Frank Sinatra: „Nimm mich mit auf den Mond, ich möchte wissen, wie sich der Frühling auf Jupiter und Mars anfühlt." Die Meerjungfrauen bilden einen Stern. Dann schwimmen sie zur Fensterfront, hinter der die Zuschauer sitzen, und verbeugen sich.

Eine Stunde später ist der Arbeitstag für Barbara Wynns und Lydia Dodson zu Ende. Morgen sind fünf andere „mermaids of yesteryear" an der Reihe. „Schade", sagt Barbara, am liebsten würde sie jeden Tag auftreten. „Eine von uns, Mermaid Dottie, ist noch mit 80 in der Revue geschwommen, ich habe also noch 20 Jahre." „Ach was", sagt Lydia, „Meerjungfrauen sind unsterblich."

VON FABIAN HECKENBERGER

DIE WELLE

Bis vor kurzem war Nazaré ein
verschlafenes Fischerdorf in Portugal. Dann entdeckten Surfer
hier ein Naturphänomen – mit gewaltiger Sogwirkung.

Die Aufnahme, die die Geographie der Surfer verschoben hat: Garrett McNamara reitet die über 30 Meter hohe Welle vor Nazaré.

Es gibt Momente, da kommt man dem Monströsen nur noch mit Albernheit bei. Vielleicht tragen die berüchtigtsten Wellen des Planeten deswegen so komische Namen. Vor Hawaii bricht eine Welle, die die Surfer Jaws getauft haben, wie die Kiefer des Weißen Hais. Die Wasserberge bei San Francisco heißen Mavericks, benannt nach den unzähmbaren Pferden im Wilden Westen. Vor Kapstadt grollen Dungeons, Kerker. Und Theahupoo auf Tahiti klingt nett, bedeutet aber: Das Ende des Weges, was wohl exakt die Erfahrung beschreibt, von ziemlich viel Wasser im Rücken auf das Riff geschleudert zu werden.

Die Welle vor Nazaré, dem kleinen portugiesischen Fischerdorf 120 Kilometer nördlich von Lissabon, hat keinen Namen. Sie ist einfach: die größte Welle der Welt. Wäre ja unsinnig, sie wegen solch einer Kleinigkeit zu taufen. So sehen das die alten Frauen, die in ihrer Tracht oben auf der Steilküste vor der Kirche der Nossa Senhora da Nazaré frischen Robalo, Wolfsbarsch, verkaufen. So sieht das in portugiesischer Gelassenheit auch Mama Celeste, Besitzerin und Köchin des Restaurants A Celeste, das jeden Winter mehrmals von den Wassermassen überflutet wird. „Die Welle ist einfach schon immer da", sagt die 76-Jährige, als sie wie jeden Mittag, die Kochmütze auf dem Kopf, ihren Käsekuchen verspeist. Mehr will sie dazu auch gar nicht sagen.

Die Welle kommt jeden Winter, rollt kilometerweit an, baut sich auf zu einem Berg, der in Weißwasser explodiert. Nach einem besonders heftigen Sturm knickte vor zwei Jahren der Leuchtturm am Südstrand unter den Brechern ein. Seitdem hängt er schief auf der Hafenmole. Sie werden ihn nicht wieder aufrichten. Die Welle kommt ja ohnehin irgendwann zurück. So war das immer. Kein Grund zur Aufregung. Bis zum 28. Januar 2013.

An diesem Tag ritt der Hawaiianer Garrett McNamara, Spitzname G-Mac, in Nazaré die vermutlich größte Welle, die jemals gesurft wurde. Mehr als 100 Fuß, also mehr als 30 Meter hoch. Offiziell bestätigt ist das

Zwischen dem Surfbrett und dem Meeresgrund liegen hier fünf Kilometer Salzwasser.

noch nicht. Die Surfszene streitet sich noch mit den Experten vom „Guinness-Buch der Rekorde", ob man die Welle vorne oder hinten misst. Und ob der Rekord gültig war, weil die Welle nicht wirklich brach, sondern unter ihrem eigenen Gewicht in sich zusammensackte.

Allerdings: Mittlerweile ist das schon fast egal, denn es gibt ein ikonisches Foto, das im Januar vom Surffotografen Tó Mané geschossen und von einem jungen Bodyboarder aus Nazaré namens Dino Casimiro im Netz verbreitet wurde. In den Tagen danach prangte das Bild auf Titelseiten von Magazinen und Tageszeitungen weltweit. Die mittelalterliche Festung an Nazarés Praia do Norte mit der roten Leuchtturmspitze. Dahinter: eine schäumende Wand mit einem Punkt darauf, der eine weiße Spur aus Gischt in das Wasser zieht. Der Punkt, das ist Garrett McNamara.

Seitdem weiß die Welt, wo Nazaré liegt. Seitdem hat sich die Geographie der Surfszene verschoben. Die besten Wellenreiter verbringen die Monate von Dezember bis April nicht mehr nur auf Hawaii, sondern in Portugal. Der elfmalige Weltmeister Kelly Slater war vergangenen Winter dort, ebenso wie Sebastian Steudtner aus Nürnberg, der zu den zwei Dutzend Menschen weltweit gehört, die Wellen dieser Größe surfen. In Nazarés kleinem Hafen liegen plötzlich PS-starke Jetskis zwischen hölzernen Segelbooten. Die Riesenwellen bewegen sich zu schnell, als dass man hineinpaddeln könnte. Die Surfer lassen sich deswegen von ihrem Partner hineinziehen.

Am Schotterweg, der hinunter zur Festung am Nordstrand führt, parkt seit einigen Wochen ein roter VW-Bus, aus dem heraus ein geschäftstüchtiger Mann namens Jorge T-Shirts und Mützen verkauft. Sie tragen die Aufschrift: „Nazaré – The Biggest Wave of the World". Das ist nur ein kleiner Teil des Geschäfts, das in Nazaré gerade im Sog der Welle aufgebaut wird. Wenn McNamara in der Stadt ist, werden am Strand mittlerweile Fahnen mit seinem Konterfei gehisst. Wenn er und andere Big-Wave-Surfer an den großen Tagen mit ihren Brettern auf dem Meer unterwegs sind, bekommen die Kinder in Nazaré schulfrei, um von der Steilküste aus die neue Attraktion ihres Heimatortes bestaunen zu können.

Drinnen in der Festung hat die Stadt ein Museum eingerichtet: Bilder der Küste von Nazaré, Bilder von McNamara, eine Urkunde des Rekords für die damals höchste gesurfte Welle aus dem Jahr 2011. Die war allerdings nur 90 Fuß hoch. Bei Mama Celeste im Restaurant lehnt ein von McNamara signiertes Surfbrett an der Wand: „Celeste is da best" steht in bestem Slang darauf. Die Surfer haben das Fischrestaurant zu ihrem Stammlokal erklärt. Hier haben sie im Winter mit Weißwein McNamaras weltberühmten Ritt begossen, ebenso wie dessen Hochzeit, die er oben auf der Festung feierte. Natürlich mit den Wellen im Hintergrund. André, der Kellner, erklärt jedem Gast gerne und stolz, was G-Mac am liebsten isst: Grelos, gekochten Stängelkohl.

Der Fernsehsender Zon hat sich exklusiv die Übertragungsrechte gesichert, wenn McNamara die Wellen reitet. Dass Vasco da Gama vor seiner Reise nach Indien in Nazaré Station gemacht hat? Dass Stanley Kubrick vor Jahrzehnten als Fotograf die Altstadt in Schwarz-Weiß-Bildern in Szene setzte? Geschenkt. Die Welle hat so manches beiseite gespült: die hohe Arbeitslosigkeit, die Kriminalität am Strand. Stattdessen ist der Zirkus in der Stadt. Vorhang auf, todesmutige Surfer, Vorhang zu. „Wissen Sie, wann heute die Surfshow beginnt?", fragt ein Tourist auf der Promenade. Aber so läuft das natürlich nicht.

Eine zurechtgerückte Perspektive bietet sich an anderer Stelle. Wer verstehen will,

Wenn er ins Wasser geht,
bekommen die Kinder schulfrei, damit sie ihn bestaunen können:
Garrett McNamara am Strand Praia do Norte.

was auf dem Meer vor Nazaré passiert, muss genau dorthin: raus aufs Meer. Sebastian Steudtner hat vorgeschlagen, mit einem Jetski rauszufahren, aber die Wellen sind an diesem Tag im April doch nur hütten- und nicht haushoch. Steudtner kennt eine Strömung, die einen, nun ja, recht gefahrlos auf dem Surfbrett hinaus an die Stelle bringt, wo nach den Atlantik-Stürmen 300 Meter vor dem Strand die großen Wellen brechen.

Zwischen dem Surfbrett und dem Meeresgrund liegen hier ungefähr fünf Kilometer Salzwasser. Wie ein Pfeil läuft ein Canyon im Meeresboden vom offenen Ozean auf die Festung vor Nazaré zu. 150 Kilometer lang. In diesem Graben sammeln sich die Wellen, laufen bis kurz vor die Küste, wo der Canyon sich abrupt verengt, der Meeresboden wie eine Stufe ansteigt und das

Wasser sich zu dieser einmaligen Welle aufbäumt. Steudtner reist seit mehr als einem Jahrzehnt den höchsten Brechern der Welt hinterher. Er liegt auf seinem Brett, unter ihm rollen die Wasserhügel vorbei. „So etwas wie das hier habe ich noch nie gesehen", sagt der 27-Jährige. Er verdient sein Geld nicht mit Sponsoren, er tritt nicht mehr im Fernsehen auf. Steudtner hält ab und zu Vorträge vor Managern in Anzügen – über Grenzerfahrungen. „Das ist Theorie, in Worten kann man nicht vermitteln, was für ein Gefühl es ist, solch eine Welle zu surfen."

Vor einigen Wochen ist Steudtner vor Nazaré fast ertrunken. Er trainiert das ganze Jahr über im Kraftraum und mit Apnoe-Tauchen für den Ernstfall. Ernstfall bedeutet: Hunderte Tonnen Weißwasser halten die Surfer nach einem Sturz minutenlang

unter der Oberfläche. Als Steudtner auftauchte, war sein Sichtfeld auf Stecknadelkopfgröße geschrumpft. Alles, was er noch sah, war die Hand seines Partners, der ihn auf den Jetski zog. Surfen konnte Steudtner nicht mehr, aber bis zum Abend saß er noch am Strand und schaute hinaus. Er wäre fast gestorben. Er hatte aber auch die größte Welle der Welt gesurft. Für ihn war es einer der schönsten Tage seines Lebens.

Die Brecher in Nazaré haben keinen Namen. Noch nicht. In einer Marketingagentur in Porto grübeln sie gerade darüber. Sie haben für die Welle einen jährlichen Werbewert von einer Million Euro errechnet. Die Sandbank, auf die sie bricht, ist schon getauft. Von portugiesischen Fischern im 18. Jahrhundert. Werbewirksam ist der Name nicht: die Bank, die Witwen macht.

VON MARTIN BERNSTEIN

DER KHAN VON CHINA

In der Hauptstadt der
Inneren Mongolei die Mongolei zu entdecken,
ist gar nicht so einfach.

*Im Grasland nördlich von Hohhot werden
mongolische Traditionen vor allem für Touristen aufbereitet.
Die Mehrheitsbevölkerung hier sind Chinesen.*

J olly Jumper. Eindeutig. Mitten in Hohhot trabt das Pferd des Comic-Cowboys Lucky Luke über die Weltkugel in den Sonnenuntergang. „Das ist das Wahrzeichen Hohhots", sagt der Führer durch die Zwei-Millionen-Stadt, „das Pferdedenkmal erinnert an den mongolischen Ursprung, an die Steppe." Hohhot gilt als touristisches Zentrum der Inneren Mongolei, übrigens auch als Kapitale der chinesischen Milchwirtschaft. Auf nach Hohhot also, in den Sonnenuntergang – von Peking aus betrachtet.

„Hohhot. Ah ja." Das Gesicht der chinesischen Gastgeberin am Vortag spricht Bände. „Und was wollt ihr da?" Noch zwölf Stunden bis zum Abflug in die Innere Mongolei. Im höchsten Gebäude Pekings, dem 330 Meter hohen Wolkenkratzer, der das Hotel World Summit Wing beherbergt, treffen westliche Hohhot-Reisende auf Chinesen, die im Leben nicht auf diese Idee kämen. Hongkong, ja. Shanghai, selbstverständlich. Aber Hohhot? Nur 430 Kilometer von Peking entfernt – und doch in einer anderen Welt.

Dabei ist Hohhot eine boomende Stadt. Tetrapak hat seit 2009 eine Produktionsstätte dort. Windenergie-Anlagenbauer Vestas ebenso. Die Stadt ist Verwaltungssitz des Autonomen Gebiets Innere Mongolei. Autonom ist das Gebiet freilich nur unter den Bedingungen des chinesischen Staates – also gar nicht. Und die Innere Mongolei ist nur aus der Perspektive Pekings „innen". Aus Sicht jener Mongolen, die jenseits der Grenze in einem unabhängigen, kürzlich von der deutschen Kanzlerin besuchten Staatswesen leben, so weit draußen und so chinesisch dominiert, dass man den Stammesbrüdern am liebsten das Mongolentum gleich ganz absprechen würde. Was dann wiederum sogar statistisch begründbar wäre: Noch nicht einmal zehn Prozent der rund 2,3 Millionen Einwohner Hohhots sind Mongolen. 2,1 Millionen Han-Chinesen leben in der Stadt am Südrand des Yinshan-Gebirges. Tendenz steigend. Im neuen Bahnhof am Stadtrand soll von 2014 an der Hochgeschwindigkeitszug aus Peking ankommen. Hochhäuser wachsen überall aus dem Boden. China eben. Oder doch weniger ferner Osten und mehr Zentralasien? Astana in Kasachstan, Aschgabat in Turkmenistan sehen so ähnlich aus: Postmoderne zwischen hochgeschossenem Schweizerhaus und Retro-Zuckerbäckerstil.

„Was wollt ihr in Hohhot?" Ein professioneller Globetrotter hat die Stadt tatsächlich in seinem Buch über die Seidenstraße erwähnt – aber auch, dass die legendäre Handelsroute schon deshalb nicht durch Hohhot führte, weil die Stadt erst um 1580 vom Mongolenfürsten Altan Khan, einem Nachkommen Dschingis Khans, gegründet wurde. Da war der Handel zwischen China und dem fernen Westen schon längst vom beschwerlichen Landweg auf den viel schnelleren Seeweg umgeleitet worden – sofern er denn überhaupt noch stattfand.

Und nun: Hohhot. Nach kurzer Fahrt durch die Stadt hält der Bus vor dem Hotel. Junge Damen in mongolischen Gewändern warten. In den Händen halten sie kleine Schälchen. Mit einer Art Wodka, nur schlimmer. Ein Spritzer für den Himmel, ein Spritzer für den Boden, ein Tupfer für die Stirn, ein großer Schluck; 67 Prozent hat das rustikale Destillat, ist später zu erfahren. Einen blauen Seidenschal gibt es als Dreingabe. Seide. Blau. Köke Qota, die blaue Stadt, nennen die Mongolen Hohhot. „Blau" kann auch „rein" bedeuten. Weil es in dieser Stadt am Rand der Steppe so viele Tempel gibt? Wie viele es sind, darüber gehen die Meinungen auseinander. Die Zahl 19 ist häufig zu lesen, an anderer Stelle ist von rund 50 buddhistischen Tempeln die Rede. Oder sind es 15? Ein Blick aus dem Hotelzimmerfenster. Dort hinten, ein Tempel. Und dort: eine Stupa, das Grabdenkmal eines buddhistischen Heiligen. Oder? Der Stadtführer muss es doch wissen: „Ist das eine Stupa oder ein Tempel?" – „Nein." – „Aber ich habe ihn doch gesehen von meinem Fenster aus, kein Tempel?" – „Nein. Heizkraftwerk!" – „Dort drüben, schau, das meine ich!" – „Ah, das. Ja." – „Was ja?" – „Tempel!"

Bei einer Stadtführung in Hohhot hat man als Gast bisweilen den Eindruck, es könnte nicht schaden, ein bisschen mehr zu wissen als der Guide. Was vermutlich auch gar nicht so schwierig wäre. Kompliziert wird es immer dann, wenn jemand vom offiziellen Programm abzuweichen versucht. Am nächsten Tag, im wunder-

---

Alltagsszenen im Tempel, die man ohne Worte versteht. Mutter und Sohn am sandgefüllten Bronzekessel für die Räucherstäbchen. Der Bub möchte noch eines anzünden, zündeln macht halt so großen Spaß, und noch eines, und noch eines – bis der Mutter der Geduldsfaden reißt. Ein energischer Griff, der Neunjährige wird in andächtige Gebetshaltung gezwungen.

---

vollen Gegentala-Grasland zum Beispiel. Eine der Sehenswürdigkeiten, mit denen Hohhot wirbt. Durch das nagelneue Universitätsviertel geht die Fahrt, dann windet sich die Straße hinauf in die Berge. Kaum Dörfer, und wenn, dann halb verlassen, verfallen. Drei Autostunden nördlich von Hohhot beginnt das Grasland. Wer allein losmarschiert, wird spätestens nach 200 Metern mit dem Moped wieder eingefangen und höflich gebeten umzukehren. Warum? „Zu gefährlich. Sie könnten sich verlaufen." Man hat kilometerweit freie Sicht im Grasland, weshalb dort auch die chinesischen Astronauten landen. Und die wildesten Tiere, denen man begegnet, sind Trampeltiere.

In Hohhot könnte man sich dagegen tatsächlich verlaufen. Daran wären dann möglicherweise die Stadtführer nicht ganz

unschuldig. Will der Besucher etwas wissen, was der örtliche Experte selbst nicht weiß, dann gibt dieser nämlich aus lauter Höflichkeit nicht etwa keine Antwort. Er sagt auch nicht: „Das weiß ich gerade nicht." Denn dann würde er sein Gesicht verlieren. Er sagt – im Brustton der Überzeugung – irgendwas, was ihm gerade so durch den Kopf geht.

Der Dazhao-Tempel in Hohhot steht auf dem offiziellen Besuchsprogramm. Und vor dem Tempel sogar eine Reiseführerin bereit. Sie versteht etwas von der Anlage aus dem Jahr 1579 – leider ist sie nicht so ganz leicht zu verstehen. Macht aber nichts, der Tempel ist großartig genug. Und was es mit all den Bodhisattvas und Himmelskönigen auf sich hat, kann man auch zu Hause nachlesen. Wenig Information, aber ein Fest für die Sinne: leuchtende Farben, der Geruch von Räucherstäbchen. Bunte Gebetsfahnen und blaue Tücher wehen im Wind. Und überall Pferde, in Stein, aus Bronze, auf Textilien. Dazwischen Alltagsszenen, die man ohne Worte versteht. Mutter und Sohn am sandgefüllten Bronzekessel für die Räucherstäbchen. Der Bub möchte noch eines anzünden, zündeln macht halt so großen Spaß, und noch eines, und noch eines – bis der Mutter der Geduldsfaden reißt. Ein energischer Griff, der Neunjährige wird in andächtige Gebetshaltung gezwungen. Und nach ein paar Sekunden geht sein Blick schon wieder nach rechts, zum Laden, in dem die Räucherkerzen bündelweise feilgeboten werden. Fremd und zugleich vertraut ist diese religiöse Welt mit ihren rosenkranzartigen Gebetsketten, ihren Heiligenscheinen und gläubig verehrten Statuen, Bildern und Bäumen. Vor dem Tempeltor steht eine riesige Statue. Arbeiter turnen auf ihr herum. Mit kleinen Läppchen polieren sie den Koloss. Altan Khan, der Gründer Hohhots. Und der Erfinder des Dalai Lama. Der Mongolenkhan hatte nämlich ein Problem. Und das war weniger religiöser denn machtpolitischer Natur. Altan nahm zwar für sich in Anspruch, vom großen Dschingis Khan abzustammen.

*Die Nachkommen Dschingis Khans reiten heute für den
Werbefilm eines Hongkonger Reisebüros. Aufpasser wachen darüber,
welches Bild sich Besucher vom Land machen.*

Doch er war lediglich der Herrscher einer Nebenlinie. Freilich ein ziemlich erfolgreicher. Irgendwann passten politischer Rang und tatsächliche Macht nicht mehr so recht zusammen. Fand zumindest Altan Khan. Und er erinnerte sich an den tibetischen Lehrer und Abt Sönam Gyatsho. Die Missionsreise des Buddhisten in die Mongolei wurde zum vollen Erfolg – für beide Beteiligten: Der Khan aus der Steppe verlieh 1578 dem Geistlichen aus den Bergen den Titel eines Dalai Lama und machte ihn damit zum Oberhaupt aller tibetischen und mongolischen Buddhisten. Im Gegenzug bekam die Herrschaft Altan Khans die allerhöchsten Weihen. Seither – und nach den Verfolgungen in den Jahren der Kulturrevolution inzwischen auch wieder offiziell abgesegnet – drehen sich

in der Mongolei die Gebetsmühlen. Sogar mit Solarantrieb, im handlichen Reiseformat käuflich zu erwerben im Laden gleich schräg gegenüber vom Dazhao-Tempel.

„Was wollt ihr in Hohhot?" Die Mongolei entdecken? Gar nicht so einfach. Nein, sagt die Kellnerin im mongolischen Kostüm beim mongolischen Abendessen, Mongolin sei sie nicht, Chinesin natürlich. Nein, sagt der Geschäftsführer des mongolischen Touristenzentrums im Grasland, Mongole sei er nicht. Aber immerhin 90 Prozent seiner Angestellten. Nein, sagt der Reiseführer, die Mehrheit der Anteile am Touristenzentrum hätten nicht die Mongolen – die habe ein chinesischer Staatsbetrieb. Aber die Reiter zumindest, am Bach hinter den Touristenjurten, die sind Mongolen. Und sie reiten wie die Teufel, heben mühe-

los im vollen Galopp Gegenstände vom Boden auf. Wahre Nachkommen Dschingis Khans. Ja, sagt der Mann, der die Szenerie beobachtet, echte Mongolen, nicht wahr?! Dann klatscht er in die Hände. „Noch mal wiederholen, bitte!" Dschingis Khans Krieger reiten heute für den Werbefilm eines Hongkonger Reisebüros.

Noch einmal ein paar Schritte ins Grasland. Der Aufpasser mit dem Moped hat wohl gerade woanders zu tun. Endlich allein, im Gras liegen. Ein Hunderte Kilometer breites Meer aus Gras. Dahinter fängt die Wüste Gobi an. Über dem Gras wölbt sich der Himmel, in dessen grenzenlosem Blau zwei Falken kreisen. „Was wollt ihr eigentlich in Hohhot?" Was für eine Frage: Das, genau das. In diesem Augenblick der Stille nur das.

VON JOCHEN TEMSCH

WILDE KERLE

In Alaska gibt es kaum Straßen. Aber waghalsige Piloten,
die ihre Passagiere überallhin fliegen,
egal ob zu Gletschern, Seen oder Bärengebieten.

Den Bären im Katmai-
Nationalpark kommt
man so nah, dass man sie beim
Lachsefressen schmatzen
hören kann.

Der Motor der Cessna 206 klingt überdreht wie ein Rasenmäher, als die Maschine zum Startstreifen ruckelt. Tim Hendricks, der Pilot, nimmt einen Schluck Kaffee, stellt den Pappbecher auf den Armaturen ab und macht seine Durchsage über die Kopfhörer: „Also Leute, noch mal: Wir fliegen in diesem Ding hier etwa 150 Kilometer übers Meer, landen auf einem schmalen Strand und laufen mit wilden Braunbären herum – ist sich jeder darüber im Klaren?" Die drei Passagiere, Touristen aus Deutschland, recken ihre Daumen und lachen. Hendricks bleibt ernst. „Okay!", sagt er und zieht durch.

Dieser Flug zu den Bären der Hallo Bay im Katmai-Nationalpark ist für viele der Höhepunkt ihrer Alaskareise. 5000 Braun- und Schwarzbären leben im Schutzgebiet gegenüber der Insel Kodiak. Hier muss man nicht lange nach den Tieren suchen. Man stolpert, wenn man nicht aufpasst, buchstäblich über sie. Jedenfalls ist das Hendricks angeblich schon mal passiert: Der Bär schlief im hüfthohen Gras, schreckte wütend hoch, erkannte, dass es nur ein Mensch war, und trollte sich. Buschpilotentalk.

Buschpiloten, so nennen sie sich. Weil die Wildnis ihr Territorium ist, und Wildnis ist überall „da draußen", wie sie sagen, in diesem riesigen Land, von dem nur zehn Prozent mit Straßen erschlossen sind. Sie erzählen sich Geschichten, wenn sie wegen schlechten Wetters nicht fliegen können, denn das tun sie nur auf Sicht. Dann bleiben sie in ihrer Baracke am Flughafen von Homer, der in etwa so groß ist wie der Parkplatz eines Supermarkts. Im Fenster hängt die US-Flagge, davor steht ein zerschlissenes Sofa. Außerdem gibt es einen staubigen Tisch, einen langsamen Computer und ein Telefon, das ist die ganze Flugzentrale. Hier warten sie, bis der Nebel aufreißt, studieren Wetterberichte und trinken Kaffee aus Marmeladegläsern. Hendricks trägt Gummistiefel bis hoch zu den Knien, Basecap und Sonnenbrille, auch im Gebäude, auch wenn es draußen gegen Mitternacht schon langsam dunkel wird.

Ohne nervenstarke Männer wie ihn würde in Alaska überhaupt nichts weitergehen. Buschpiloten bringen die Post und Medikamente, Ärzte und Angler, Bauholz und Nägel, Bier und manchmal sogar eine frische Pizza in entlegene Flecken des Landes. Touristen dürfen mitfliegen, rund um Anchorage genauso wie um Fairbanks, zu alten Goldgräbersiedlungen wie zu den Dörfern der Ureinwohner jenseits des Polarkreises. Nur im Winter sind diese Außenposten der Zivilisation – schmucklose, hölzerne Fertighäuser mit Satellitenschüsseln auf den Wellblechdächern – über Land zu erreichen, per Hundeschlitten oder Schneemobil.

Auf einer Fläche, viermal so groß wie Deutschland, leben in Alaska 700 000 Menschen, halb so viele wie in München, 300 000 von ihnen allein in Anchorage. Homer zählt mit 5000 Bewohnern zu den zwölf größten Orten des Staates. Hier endet der südwestliche Zipfel des kleinen Highwaynetzes. Dann beginnt der Busch: Wälder und Berge, Gletscher und Vulkane, Seen und Tundra, und mittendurch führt eine Ölpipeline. Aus 1500 Metern Flughöhe betrachtet sieht die Landschaft aus wie ein abstraktes Gemälde, in bunten, kräftigen Farben gemalt, mit viel Blau, Grün und Rot – und alles mit dem ganz, ganz großen Pinsel hingeworfen.

Fliegen ist hier so normal wie andernorts Autofahren. Viele Familien besitzen nicht einmal einen Wagen. Jugendliche machen mit 17 ihren Pilotenschein. Jeder Fünfte in Homer kann fliegen, schätzt Hendricks. Abseits der wenigen Straßen und dem Schienenstrang der Alaska Railroad sind einmotorige, zwei- bis sechssitzige Flugzeuge im Sommer die einzige Möglichkeit, ins Landesinnere vorzudringen. Sie landen auf Wiesen, Eis und Schnee, im Wasser und am Strand, mit Kufen, Schwimmern oder besonders großen Rädern. 300 Meter freie Fläche reichen. „Herunterzukommen ist wie ein verdammtes Computerspiel", erklärt Hendricks: „Von links schießen Möwen quer, von rechts bläst der Wind, und auf der Piste liegt ein Elch."

In der Hallo Bay gibt es keine Menschen. Die Landung ist sanft, der Herzschlag sofort beschleunigt: Der Sand ist voller Bärenspuren. Hendricks, der auch ein ausgebildeter Guide ist, führt seine Kunden durch kniehohes Gras. Er weist sie an, sich laut zu unterhalten, damit sie die Tiere nicht überraschen. Hin und wieder sind Kuhlen im Boden zu sehen, von den Bären gescharrt, damit sie mit ihren vollgefressenen Bäuchen bequemer liegen. Es dauert keine zehn Minuten, und da sind sie: ein Dutzend Braunbären beim Lachsefangen, umkreist von zwei schlanken Wölfen und einem Weißkopfseeadler, keine 100 Meter entfernt, so nah, dass man sie schmatzen hören kann. Ein wildes Spektakel vor der archaischen Kulisse zackiger Berge, Gletscher und teils noch aktiver Vulkane.

Die Küsten-Braunbären gehören zur selben Spezies wie die Grizzlys, die im Landesinneren leben, sind aber größer und friedlicher als ihre Verwandten, die viel härter um Nahrung kämpfen müssen. Die Bären der Hallo Bay haben so viel Lachs zu fressen, dass sie es sich leisten können, wählerisch zu sein. Manche verzehren nur die fette Haut, andere nur den Rogen der Fische. Menschen sind für sie weder Nahrungsquelle noch Bedrohung. Sie ignorieren ihre Besucher und trotten mit gesenkten Köpfen an ihnen vorbei – solange diese nicht zu viele werden und die natürlichen Grenzen respektieren.

Die Bären wirken possierlich, aber das täuscht. Hendricks sagt: „Sobald sich die

Eine Landung auf dem Wasser gehört noch zu den einfacheren Flugmanövern. Die Piloten gehen auch auf Stränden, Gletschern und kleinen Waldlichtungen runter.

anfängliche Aufregung der Touristen gelegt hat, unterschätzen manche die Gefahr. Sie rufen nach den Tieren oder kommen ihnen zu nah – und das können die Jungs überhaupt nicht leiden." Die größten Exemplare wiegen 800 Kilo, sind aufgerichtet vier Meter groß und können so schnell rennen wie Pferde. Der einzige Schutz gegen sie ist das Pfefferspray, das Hendricks einstecken hat. Er sagt, er habe es noch nie benutzen müssen.

In Hallo Bay hat sich auch der Aussteiger Timothy Treadwell aufgehalten, den Werner Herzog in seinem Dokumentarfilm „Grizzly Man" porträtiert. Treadwell lebte 13 Sommer lang unter den Bären und verlor mit der Zeit jegliche Distanz. Am Ende wurden er und seine Freundin von den Tieren getötet. Treadwell ist wie Chris McCandless aus Jon Krakauers „Into the Wild" ein extremes Beispiel für den Typus des Sinnsuchenden, den man in Alaska häufig antrifft: Menschen, die andere Menschen nicht so

gerne mögen, stattdessen das raue, in gewisser Weise einfachere Leben in der Natur vorziehen. Nur haben manche zu wenig Kenntnis von der Wildnis und laufen Gefahr, daran zugrunde zu gehen.

Da haben es betuchte Touristen leichter. Sie genießen etwas, das die Einheimischen „cush bush", gepolsterten Busch, nennen. Zum Beispiel in der Redoubt Bay am Lake Clark Pass, 50 Wasserflugzeug-Minuten westlich von Anchorage. Am See steht nur eine einzige Lodge mit drei Hütten, umgeben von Unterholz, das ohne Machete nicht zu durchdringen ist. Bärenpfade durchziehen das Gestrüpp. Die Gäste nächtigen rustikal, werden aber mit ausgezeichneter Küche verwöhnt. Nachts stromern die Bären um die Hütten, tagsüber kann man sie von Booten und Kajaks aus beobachten. Die Ausflüge werden von der Managerin der Lodge, Amy Smith, geführt.

Die zierliche Frau stammt aus Minnesota, wo sie als Frachtfliegerin gearbeitet hatte, bevor sie dem Ruf der Wildnis folgte. Sie

zog nach Alaska und wurde Buschpilotin – eine der wenigen Frauen in diesem Job. „Es ist körperlich anstrengend", sagt sie, „du musst ständig Sachen ein- und ausladen und stets in Rufbereitschaft bleiben." Und klar, dumme Sprüche bekam sie auch schon genug zu hören. Angler und Jäger, die sie mit dem Wasserflugzeug auflas, fragten sie, wo denn der Pilot sei. Aber so etwas nimmt sie mit Humor. Nach vier Sommern in Redoubt Bay will sie nun nach Kenia weiterziehen und endlich wieder als Pilotin arbeiten. Auch in Afrika gibt es die zwei Dinge, die sie neben ihrem Freund am meisten mag: Busch und Tiere.

In Hallo Bay ist es Zeit zum Aufbruch, bevor die Flut kommt und die Cessna nicht mehr vom Strand abheben kann. Doch die Besucher wollen sich noch nicht losreißen vom Anblick der Bären und der Landschaft. Tim Hendricks lächelt – zum ersten Mal an diesem Tag. Er kennt das und weiß: Nicht einmal Fliegen ist schöner.

VON WILLI WINKLER

DAS WEITE GEFÜHL

Kreuzfahrten sind nicht mehr das, was sie einst waren.
Aber eine Atlantikpassage kommt
dem alten Glanz heute noch ziemlich nahe.

*Schwimmendes Grand Hotel:
Die Queen Mary 2 beschwört die
Tradition und den Luxus einer
kaum mehr existenten Klasse*

Wenn der Kopf, müde vom langen Blick aufs Meer, endlich doch an die Rückwand des Bettes sinkt, ist es wieder da. Dieses leichte Beben, das beständig durch das Schiff geht, das einen an Deck breitbeinig schreiten lässt, als wäre man ein Matrose auf Landgang, dieses unaufhörliche Schüttern, das offensichtlich das riesige Schiff am Laufen hält, es hört niemals auf, brummt, zittert und teilt sich dem ganzen Körper mit, rieselt die Arme, die Beine hinab und fängt gleich wieder oben an. Im Bordkino „Illuminations" sind es die Plätze in der Mitte, auf denen das sanfte Beben am deutlichsten fühlbar wird. In der halben Sekunde, wenn es schon dunkel ist, wenn die Schwummermusik bereits ausgesetzt, der Film aber noch nicht begonnen hat, schießt deshalb jäh die Vorstellung hoch, die Queen Mary 2 könnte mit einem lauten Knacks auseinanderbrechen, würde genau in der Mitte aufreißen, die ganzen 72 Meter vom Kiel bis zum Schlotrand ein einziger senkrechter Riss, und dann ab nach unten mit Mann und Maus, in eine besonders tiefe Kerbstelle auf dem Atlantikboden, hartöstlich von Grönland.

Aber die Reise geht weiter. Die Titanic mag auf ihrer Jungfernfahrt vor 100 Jahren untergegangen sein, doch es war die RMS Carpathia, wie die Queen Mary 2 ein Schiff der Cunard-Linie, die den im eisigen Wasser treibenden Schiffbrüchigen zu Hilfe kam und mehreren Hundert das Leben rettete. Die Geschichte dieser nautischen Heldentat bei einer der größten Schiffskatastrophen wird in einem Treppenaufgang der Queen Mary 2 in Form einer Wandzeitung erzählt. Obwohl erst 2004 als damals größtes Passagierschiff der Welt in Dienst genommen, schreibt sich die Queen damit ein in die Tradition der großen Oceanliner, der schwimmenden Grand Hotels, die einst den Reichen für die Reise zwischen Europa und Nordamerika einen exklusiven Laufsteg boten. Davor nutzten diese aufwendige und oft stürmische Passage vor allem Auswanderer oder Flüchtlinge wie Franz Kafkas Karl Roßmann, den ein Dienst-

mädchen verführt hatte und der deshalb nach Amerika ausgeschifft werden musste. Da die Armen, wenn die See aufraute, vorsichtshalber eingesperrt wurden, waren sie im Ernstfall auch die ersten Opfer.

Von den tiefgestapelten Klassen ist hier an Bord nichts zu merken. Die größeren Kabinen verfügen jeweils über einen eigenen Balkon, der einen exklusiven Blick aufs Meer suggeriert. Der Kapitän bittet nachmittags zum Empfang bei einem Glase, die Damen erscheinen in ausgesuchter, wenn auch etwas überkandidelter Garderobe, die Herren stehen steif daneben, manche sogar im gut gefüllten Kummerbund. Neuerdings hat die Queen Mary ihren Heimathafen von Southampton in Südengland nach Hamilton auf den Bermudas verlegt, weil dann der Kapitän, wenn er nicht auf der Brücke steht und streng darauf achtet, dass seine Ersten Offiziere streng darauf achten, dass die Geräte den vorgezeichneten Kurs streng beobachten, weil der Kapitän damit außerhalb des englischen Zivilrechts die besonders beliebten Trauungen auf hoher See vornehmen darf. Aber deshalb gleich heiraten?

Die Reise bietet zum Glück noch andere Reize. Obwohl sie beim ersten Anblick am Cruise Center im Hamburger Hafen kaum von einem monströs gequollenen Parkhaus zu unterscheiden ist, beschwört die Queen Mary im Innern den Luxus einer kaum mehr existenten vergnügungssüchtigen Klasse. An Versuchen, diese Welt von vorgestern zu inszenieren, fehlt es nicht. Treppen werden zu theatralischen Auf- und Abgängen, verbinden glitzernde Ballsäle mit eleganten Speiserestaurants und dem kleinen Theater, in dem selbstverständlich Shakespeare gegeben wird, wenn auch eingedampft auf eine kleine Stunde. Die Wandelgänge sind mit einer der Art déco nachempfundenen frühen Fernweh-Moderne ausgekleidet. Auf Teak erscheint ein wildes Sammelsurium mit dem segnenden Christus über Rio de Janeiro, mit Hängebrücken, Eiffeltürmen und gefährlichen Krokodilen. Eines davon verliert die meisten seiner Zähne, als

ein kleines Mädchen beiläufig daran herumspielt. In den Gängen macht sich aber auch der übliche Andenkenplunder breit, T-Shirts, Becher, Anhänger, damit die Lieben daheim auch ganz gewiss glauben, dass die Eltern, die Großeltern wirklich dabei waren bei der großen Reise auf dem großen Schiff, das auch ein großer Basar ist.

Die gute, alte Zeit, die das wahrscheinlich nie war, nämlich gut, gibt es an Bord der Queen Mary 2 nur als luxuriöse Lücke zwischen Raum und Zeit. Wer die Zeit – acht, neun Tage – hat, hemmungslos Zeit zu vertrödeln, kann die Atlantikreise als befristetes Glück erleben. Durch Internet und Satellitenfernsehen schiebt sich diese Lücke allerdings ständig weiter zu. Noch immer erscheint täglich eine Bordzeitung, die mit sachter Verspätung über den Putsch in Mali oder den Stand der Finanzkrise im Euro-Raum informiert. Der Gast soll sich nicht völlig abgeschnitten von der Welt fühlen, doch noch vor Kurzem wäre die Nachricht von ihrem Untergang nur mit erheblicher Zeitverzögerung auf das Sonnendeck gelangt, wo eine Kapelle kubanische Weisen für eingefleischte Antikommunisten spielt.

Als gäbe es nichts Schlimmeres als nutzwertfreien Müßiggang, ist das Bordprogramm sonst gnadenlos auf die Beschlagnahmung der kostbaren Freizeit aus: Wer mag, kann aquarellieren, Rock 'n' Roll tanzen, in der Bar einer nimmermüden Harfenistin lauschen und sich anschließend im Casino bis in den bleichen Morgen in der stummen Zwiesprache mit dem einarmigen Banditen verlieren. Bald danach drohen schon wieder Frühsport, Bridge für Anfänger und ein zweifellos interessanter Vortrag Birgit Schrowanges (leibhaftig an Bord!), die davon berichtet, wie sie so mit dem Leben zurechtkommt. In der Kabine liegt eine Einladung in den „CanyonRanch SpaClub" (nur echt mit den Binnenmajuskeln) aus. Der Prospekt zeigt eine Wirbelsäule so lehrbuchgenau, dass einem schon vom Zusehen bange um die eigene wird. Ach, wie so hinfällig ist der Mensch! Und wird seiner Hinfälligkeit doch kaum irgendwo weniger

Das Schiff arbeitet sich mit 25 Knoten
die Stunde durch das reine Nichts
des gleichförmig vorbeiziehenden Meeres.

inne als auf diesem Schiff, das sich im zeit- und geschichtslosen Nirwana mit 25 Knoten die Stunde voranarbeitet.

Dabei muss nichts davon sein, bietet das reine Nichts des gleichförmig vorbeiziehenden Meeres doch Unterhaltung genug. Grau beginnt die See, kaum dass der Hafen in Hamburg verlassen und an der Elbemündung das offene Meer erreicht ist. Dachrinnengrau, schiefergrau, asphaltgrau, taubengrau geht es weiter, grau bis zum Horizont, der an manchen Tagen morgens schon unmittelbar vor dem Schiff liegt. Doch statt der Eisberge, die der Kapitän der Titanic zu spät sah, zeigen sich am Horizont nur Delphine und eine ganze Gruppe majestätisch dahinziehender Wale.

Dann wird das Schüttern doch deutlicher. Als der Seegang am fünften Tag noch ein wenig zunimmt, sind die Passagiere bereits vorgewarnt. Stabilisatoren halten das Schiff im Gleichgewicht, es kann also nichts passieren, und ein Wellental von neun Metern ist für die Queen nur Gelegenheit, mit der Kraft ihrer 116 000 PS unbeirrt durchzupflügen. Für Ängstliche oder besonders Empfindliche gibt es Pflaster, die ähnlich prominent wie die Kleber für Nikotin-

Abstinenzler getragen werden und nicht einmal beim morgendlichen, patschenden Joggen auf Deck 7 stören.

Die Muße des zerstreuten Hinausschauens auf die betriebsamen Mitreisenden, auf die Rettungsboote, die Delphine und das variantenreiche Grau ist teuer erkauft. Die Passage ist nicht billig, eine Reise für genau einmal im Leben, zur Goldenen Hochzeit, zur endlich erreichten Pensionierung. Ideal auch für Musiker, die in Nordamerika auf Tournee gehen wollen und doch Angst vorm Fliegen haben, für Liebespaare, für Alleinreisende.

Für sie ist bestens gesorgt. Die Queen bietet in mehrfacher Ausfertigung den Gentleman Dancer, das, was in den Berliner Cafés der Zwischenkriegszeit der Eintänzer war, nicht zu jung, gepflegtes Äußeres und verfügbar für alles zwischen Tango und dezentem Schieber. Diese rhythmussichere Tätigkeit heißt unter Kollegen nicht Tanzen oder Führen, sondern ganz technisch Operating; weniger dezente Operateure sprechen von „Kühlschränken", wenn sie eine dickere Frau übers Parkett führen müssen. Mr Wilson (wie wir unseren Gesprächspartner nennen könnten) ist das mitgebrachte

Reisegepäck egal, er mag ganz einfach das Gefühl, eine Frau im Arm zu halten, sich mit ihr im Takt zu wiegen, sie zu führen, herumzuschieben, rauszudrehen, wieder zurückzuholen. Seine eigene wartet zu Hause in Virginia, sie weiß, dass sie ihn wohlbehalten und ungeküsst zurückbekommt.

Das Schüttern bleibt als Erinnerung. Es kann einen einwiegen, denn es gewährt noch einmal jenes ozeanische Gefühl, das urvertraut zu sein scheint und ohne Zweifel aus dem Mutterleib herrührt, dessen schwankender Geborgenheit die Riesenmutter Queen Mary 2 so nahekommt.

Still ruht die See erst bei der frühmorgendlichen Einfahrt in New York. Das Schiff hat den Atlantik überquert, es ist heil geblieben, und im Morgenlicht, kein Tau noch und längst kein Tag, erblicken die Reisenden, nicht anders als Karl Roßmann vor bald 100 Jahren, endlich die Freiheitsstatue. Klein ist sie, winzig klein vor den in der aufgehenden Sonne blinkenden Hochhäusern Süd-Manhattans. „Ihr Arm mit dem Schwert (das Kafka, der selbstverständlich nie in New York war, einfach dazuerfunden hat) ragte wie neuerdings empor, und um ihre Gestalt wehten die freien Lüfte."

VON MICHAEL RUHLAND

DIE GRENZEN DES PASCHAS

Der Ararat steht in der Bibel und ist den Armeniern heilig.
Wer den höchsten Berg der Türkei besteigen will,
muss schon im Tal einige Hindernisse überwinden.

Chor Virap, tiefes Verlies,
heißt das armenische Kloster
am Fuß des Ararat.
Die Touren zum Gipfel starten
auf der türkischen Seite.

Der Palast thront auf einem Bergvorsprung südlich der Stadt. Von hier aus lässt sich Dogubeyazit überblicken und die alte Seidenstraße, auf der heute rund um die Uhr der Schwerlastverkehr in den Iran donnert. Das karge Hochland breitet sich wie ein vom Wind aufgepeitschtes Meer aus. Am westlichen Horizont steigt eine Vulkankette aus dem Dunst auf. Nur eines kann man vom Palast aus nicht sehen: den Berg der Berge.

Der Legende nach wollte der Palasterbauer Ishak Pascha den Ararat aus seinem Gesichtsfeld verbannen. Er hasste den Berg, nachdem seine Lieblingsfrau dort tödlich verunglückt war. Ishak, Oberhaupt einer kurdischen Familiendynastie, gab die nach ihm benannte Palastanlage mit ihren 366 Zimmern im späten 17. Jahrhundert in Auftrag. Sein Leid wollte er im Luxus ersticken. Insofern passt der türkische Name für den Ararat: Agri Dagi – Berg der Schmerzen. Die Kurden nennen ihn Ciyaye Agiri – Feuerberg. Zuletzt brach der Vulkan im Jahr 1840 aus, seither gilt er als erloschen. Doch bis heute rumort die Erde. Im Herbst 2011 erschütterte ein Erdbeben die Region, in der Provinzhauptstadt Van und den umliegenden Dörfern gab es Tote und Verletzte. Den Menschen, die an seinem Fuße leben, galt der Ararat von jeher als Quell von Unheil und Gefahren – ganz im Gegensatz zur biblischen Geschichte, wonach Gott die Arche Noah am Ararat landen und den Menschen so ins Leben zurück ließ.

Der Ishak-Pascha-Palast, der mit seinen verschiedenen Stilelementen wie die orientalische Variante des Schlosses Neuschwanstein wirkt, steht mit seiner verträumten Architektur und lustvollen Ornamentik im Kontrast zu Dogubeyazit. Die Kleinstadt ist ärmlich, staubig, hässlich. Abweisend ist der Ort 35 Kilometer westlich der iranischen Grenze auch deshalb, weil er voller Kasernen ist. Ganze Straßenzüge im Zentrum sind mit Sandsäcken, Stacheldraht und Schießscharten verbarrikadiert. Das Militär ist allgegenwärtig – jahrzehntelang hatte die türkische Regierung über die Region den Ausnahmezustand verhängt. Der Krieg

Fragt man Einheimische, was sie für den Berg empfinden, kommen spärliche Antworten: Man sei nicht stolz auf ihn, er sei halt da. Einer erwähnt die Geschichte der Arche Noah, er hat von europäischen Wissenschaftlern gehört, die nach Überresten suchen. Im Koran spielt die Sintflut keine bedeutende Rolle.

mit der kurdischen PKK ist noch nicht zu Ende, allerdings verübt die PKK nur noch selten Anschläge. Dennoch ist unter den Bergsteigern die Sicherheitslage natürlich ein Thema. Zuletzt verschleppten PKK-Aktivisten im Juli 2008 drei Bergsteiger der DAV-Sektion Kelheim, die zum Gipfel wollten. Sie kamen nach zwölf Tagen zwar unversehrt wieder frei, der Staat sperrte den Berg danach erneut für eine Saison.

Wer auf den Ararat will, muss die auf 1950 Metern liegende Stadt passieren. Die Busfahrt von Van, das per Flug zu erreichen ist, führt in drei Stunden über die ostanatolische Hochebene, vorbei an erkalteten Lavaströmen. In Dogubeyazit scheint der massige Vulkankegel des Ararat schon nah zu sein. Doch braucht man nochmals zwei Stunden mit geländegängigen Kleinbussen, um zum circa 2200 Meter hoch gelegenen Ausgangspunkt der Tour zu kommen. Für den Marsch zum Basislager auf 3200 Metern ist es dann zu spät. Also übernachtet die Gruppe am Rande der Militär-Bastion.

Am nächsten Morgen präsentiert sich der Ararat von der bröckelnden Dachterrasse des Golden Hill Hotels aus erstmals ohne Wolkenband. Die von Schnee und Eis bedeckte Gipfelkuppe, 5165 Meter hoch, verleiht dem Berg in dieser fast vegetationslosen Landschaft ein unwirkliches Aussehen. Ja, der Ararat ist schön. Zu schön für die blutigen Kämpfe, die in der Region immer wieder aufflammten. Von 1993 bis 2003 war der Ararat für Bergsteiger gesperrt. Vielleicht ist das der Grund dafür, dass in der Stadt am Fuße des höchsten Berges der Türkei kein Geschäft mit ihm gemacht wird. Es gibt keine Ararat-Reisebüros, keine Souvenirläden, keinen „Teegarten Ararat“, keine Werbung in den Straßen. Fragt man Einheimische, was sie für den Berg empfinden, kommen spärliche Antworten: Man sei nicht stolz auf ihn, er sei halt da. Einer erwähnt die Geschichte der Arche Noah, er hat von europäischen Wissenschaftlern gehört, die nach Überresten suchen. Im Koran spielt die Sintflut keine bedeutende Rolle.

Noch immer hat am Ararat die Armee das Sagen. Wer hinauf will, muss zuvor eine Genehmigung beantragen, die wie ein Visum in den Reisepass eingetragen und vor der Tour abgestempelt wird. Letzteres kann drei Minuten dauern oder drei Stunden. Besteigungen sind nur in einer Gruppe und nur mit zusätzlichem lokalem Bergführer erlaubt – das haben sich die Kurden ausbedungen. Von Armenien aus ist die Spitze des Berges nicht zugänglich, obwohl etwa 20 Prozent des Vulkans auf armenischem Staatsgebiet liegen. Doch der Gipfel gehört zur Türkei; einen Grenzübergang zu Armenien gibt es hier nicht. Die christlich-orthodoxen Armenier verehren den Ararat als heiligen Berg. Masis nennen sie ihn, Mutter der Berge. Bis 1915, als die Türken Massaker an der armenischen Bevölkerung verübten und sie aus diesem Gebiet vertrieben, hatten die Armenier rund um den Ararat ihren Siedlungsraum. Heute ist der Ararat als Nationalsymbol auch im Wappen Armeniens abgebildet – zum Ärger der Türkei, die sich beklagt, dass das Land den Berg für sich vereinnahmen würde.

Der Weg zum Basislager führt über von Lavabrocken übersäte Hänge. Kein Baum, kein Strauch. Nur Gras, das von der Sonne ausgedörrt ist. Erst als der Pfad langsam ansteigt, werden die Hänge grüner. Das Gras hier ist die Lebensgrundlage für kurdische Nomaden. Sie lassen ihre Rinder, Schafe und Ziegen am Ararat weiden während der drei, vier Monate pro Jahr, in denen bis zu einer Höhe von gut 4000 Metern kein Schnee liegt. Am Abend treiben sie das Vieh in runde Pferche, die von Gesteinsbrocken umzäunt sind. So ist es vor Wölfen sicher. Zwei Mädchen haben auf Decken Gestricktes und Besticktes ausgebreitet, sie kennen die Aufstiegsrouten der überwiegend westeuropäischen Bergsteiger. Sie wissen auch, dass sie selten etwas verkaufen, aber oft etwas bekommen: Müsliriegel, Obst, Schokolade – von den Absteigenden, die noch Proviant übrig haben.

Für die Europäer transportieren Mulis die Lebensmittel bis hinauf ins Hochlager, sodass der Koch auf 4200 Meter ein Zwei-Gänge-Menü zubereiten kann. Serviert wird auf dem Campingtisch. 13 Mitglieder

Im Hochlager wirkt der Ararat geschunden. Er muss 10 000 Bergsteiger pro Saison verkraftet – und den Müll, den sie hinterlassen.

hat die Gruppe – die meisten von ihnen sammeln Fünftausender; den Ararat haben sie sich ausgesucht, weil er als leichter Fünftausender gilt und die Tour relativ preisgünstig ist. Seit der Naturforscher Friedrich Parrot den Gipfel auf der Suche nach Überresten der Arche am 9. Oktober 1829 bezwungen hat, eifern ihm Archäologen und Abenteurer nach. Unsere Gruppe aus schweizerischen, österreichischen und deutschen Bergsteigern indes scheint die biblische Geschichte nicht zu elektrisieren: Nur für einen der Reisenden ist die Arche ein Anreiz, den Ararat zu besteigen.

Elektrisiert aber ist Müjdat Serif, der Betreiber des Zeltcamps. Spät am Abend kommt er ins Verpflegungszelt, nicht ganz nüchtern. Er will Musik, tanzen, Spaß. Da stimmt der zweite Bergführer Ömer Erkoc ein kurdisches Lied an, ein Klagelied, und Serif singt mit. Es handelt von vergeblicher Liebe, von Kummer, Schmerz

und Trauer. Dieses Lied, vielleicht stimmt es den Berg ja milde? Zumal er im Hochlager schon sehr geschunden wirkt. Auf den Geröllfeldern liegen Fäkalien und Plastikmüll. Bis zu 10 000 Bergsteiger pro Saison muss der Ararat verkraften. „Das Geschäft läuft gut", sagt Resul Sulun, der Bergführer, „aber jeder will nur verdienen." Die Träger kümmern sich nicht um den Müll – dafür würden sie nicht bezahlt, argumentieren sie. Sulun sieht den Staat in der Pflicht. Der verdiene schließlich an jedem Bergsteiger, mit jedem Visum 60 Euro. Resul Sulun lebte 19 Jahre lang im Schwäbischen, machte eine Schreinerausbildung, musste zum Militärdienst zurück in die Türkei. Wenn die Gruppe die Nomadenzelte passiert, sagt er Sätze wie: „Muscht aufpasse, wege de Hunde." Sulun selbst achtet penibel darauf, dass der Müll seiner Gruppe in Säcken und später auf dem Rücken der Mulis landet.

Die Fragen, welche die Bergsteiger in dieser Höhe umtreiben, sind tatsächlich weniger solche der Umwelt. Existenziell sind sie dennoch, nur auf andere Art: Wie kalt wird die Nacht? Ein paar Grad unter null. Wie stark schwellen die Kopfschmerzen an? Mäßig. Wie viele Schichten muss man anziehen für den Gipfelanstieg? Drei bis vier. Wird man bis zum Weckappell um 1.30 Uhr Schlaf finden? Nicht wirklich. Reicht die Batterie für die Stirnlampe? Gerade so. Wird es oben stürmisch sein? Ja, leider. Um 2.30 Uhr setzt sich die Gruppe in Bewegung. Für sich allein hat man den Berg allerdings nicht. Ein Tross von Bergsteigern zieht wie eine Lichterprozession gen Gipfel.

Die letzten beiden Stunden des sechsstündigen Aufstiegs sind Willenskampf. Und zum Ende hin zeigt sich auch, warum ein Bergführer am Ararat wichtig ist. Man würde am Gipfel glatt vorbeilaufen. Kein Fels, kein Krater. Nur ein verbogener Stock und ein Blechbehälter, der aussieht, als habe er mal ein Gipfelbuch beherbergt. Darauf eine Batterien-Werbung. Resul Sulun schreit gegen den Wind: „Hier könnte man doch eine kleine Arche aufstellen!"

Ja, warum eigentlich nicht?

VON STEFAN FISCHER

DAS FEINE SCHWARZE

Für ein Fläschchen echten
Aceto Balsamico
fahren Genießer bis nach Modena – zu Recht.

Das Kaffeetrinken haben die Italiener uns Deutschen beigebracht, auch das Weintrinken. Beim Essig aber haben sie uns über den Tisch gezogen. Der Balsamico gilt als Ausdruck italienischer Lebensart wie der Espresso, die Barolo-Weine oder der Parmesan. Was da aber – übrigens auch in Italien – hektoliterweise über Salate und Mozzarellascheiben gekippt wird, ist ein Industrieprodukt, das sich nur wenig abhebt von den sauren Wein- oder Obstessigen, denen in der deutschen Küche jahrzehntelang eisern die Treue gehalten wurde. Geradezu schamlos hat sich die Lebensmittelindustrie den guten Ruf des Aceto Balsamico Tradizionale aus Modena und Reggio Emilia zunutze gemacht, um gewöhnlichen Essig mit dem Image einer Delikatesse zu versehen. Mit Aceto Balsamico Tradizionale hat der dünnflüssige Balsamico, der für drei, vier Euro je Literflasche im Supermarkt zu bekommen ist, nichts gemein – selbst der mit der geschützten Herkunftsbezeichnung Balsamico di Modena nicht. Die Balsamicocreme, mit der neuerdings wie besessen Teller und Speisen verziert werden, enthält so wenig Tradizionale wie eine Trüffelschokolade Trüffeln.

Dunkel wie Motoröl, das in und um Modena wegen Ferrari, Maserati und Lamborghini eine ähnlich wichtige Rolle spielt, ruht der traditionelle Balsamico in dem Glasbehälter, den Roberto Chierici vor einer Glühbirne zur Begutachtung der Färbung zwischen seinen Fingern dreht. Der grauhaarige, agile Chierici ist Maestro Assaggiatore, ein Meister-Sommelier, wenn man so will, in der Consorteria dell'Aceto Balsamico Tradizionale. Diese Interessenvereinigung mit inzwischen 700 Mitgliedern, gegründet Ende der sechziger Jahre, macht sich um den traditionellen Balsamico verdient.

„Er hat kein Verfallsdatum", sagt Chierici, auch wenn er nach EU-Recht eines aufgestempelt bekommen muss. Und er besteht aus nur einer Zutat: Trauben regionaler Rebsorten, meist Trebbiano und Lambrusco, die gemostet und eingekocht

Schamlos hat sich die Lebensmittelindustrie den guten Ruf des Aceto Balsamico Tradizionale zunutze gemacht, um gewöhnlichen Essig mit dem Image einer Delikatesse zu versehen.

werden. „Mit Hilfe natürlicher Hefen und Bakterien reift der Aceto", sagt der Maestro – in Holzfässern, die zu einer Batterie von mindestens fünf und höchstens zehn Fässern angeordnet sind. Eines kleiner als das vorhergehende. Der werdende Essig durchläuft die gesamte Batterie. „In großen Fässern entscheidet sich der Säuregehalt, in den mittleren beginnt der Reifeprozess, in den kleinen findet die Alterung statt", erklärt Chierici. Es gebe kaum wissenschaftliche Erkenntnisse darüber, was während eines Vierteljahrhunderts in den Fässern passiere, dafür aber eine generationenlange Erfahrung, was dem Aceto bekomme und was nicht. Einmal im Jahr wird der Essig aus dem kleinsten Fass entnommen, welches wiederum aus dem zweitkleinsten aufgefüllt wird und so weiter. Immer im Februar und März. „Das ist der beste Zeitpunkt", sagt Chierici. Warum? „Keine Ahnung."

In Spilamberto, 15 Kilometer südöstlich von Modena, unterhält die Consorteria ein kleines, anschauliches Museum. Sie bildet auch die Prüfer aus, die den Aceto zertifizieren. Rund 100 Hersteller aus der Provinz Modena sind in zwei Konsortien (nicht zu verwechseln mit der Consorteria) zusammengeschlossen, denen sie ihren Essig zur Anerkennung als Tradizionale vorlegen müssen. Chierici ist einer der Prüfer, und es bereitet ihm sichtlich Genugtuung, dass zwar der Säuregrad im Labor gemessen und auch die Dicke der Flüssigkeit elektronisch überprüft wird, der Rest aber an Menschen wie ihm hängt, an ihrem Gespür: Über Geschmack, Aussehen, Geruch kann keine Maschine befinden. Nach einer Geruchsprobe – der Essig wird dafür über einer Kerzenflamme erwärmt – hat Chierici einen Tropfen Balsamico an der Nasenspitze kleben. Er hält bereits ein Schnäuztuch in der Hand, um ihn abzuwischen – kommt aber nicht dazu. Weil ihm immer noch etwas einfällt, was er gestenreich erzählen oder worauf er deuten muss. Es stört ihn auch nicht, dass man wenig Konkretes über den Gegenstand seiner Leidenschaft weiß. Umso

Auch die Altstadt Modenas hat ihre Reize: Gassen, Plätze und rötlich leuchtende Fassaden.

mehr kann er schließlich schwärmen über dieses faszinierende und zugleich mysteriöse Lebensmittel.

Bereits die Römer haben Traubenmost eingekocht. Man kann das beispielsweise nachlesen bei Lucius Columella, der im ersten nachchristlichen Jahrhundert viel Kluges über Landwirtschaft geschrieben hat. Im Mittelalter galt der Aceto Balsamico als Heilbalsam – daher auch der Name – bei Übeln vieler Art. Er war so wertvoll, dass eine Flasche davon dem Herzog von Modena als ein angemessenes Geschenk für den habsburgischen Kaiser Franz I. erschien – anlässlich dessen Krönung.

„Noch heute wird in Modena von manchen Familien bei der Geburt eines Kindes eine Aceto-Batterie angelegt, die später als Teil der Aussteuer dient", sagt die Herstellerin Carla Galli. Die Produktion für den Eigenbedarf ist nach wie vor weit verbreitet. Die Vermarktung des Balsamico hat spät, erst in den siebziger Jahren begonnen.

Die Gallis bewohnen am Rand von Modena ein gemütliches Anwesen, mit Weinstöcken im großen Garten, durch den Hunde stromern. Carlas Tochter ist Tierärztin und nimmt immer wieder Patienten bei sich auf. Nichts ist hier zu bemerken von der Geschäftigkeit der 180 000-Einwoh-

ner-Stadt, der in den Arkaden und auf den Straßen der historischen Altstadt selten zu entkommen ist. Touristen unterschätzen deren Reiz, die warmen Rottöne der Fassaden, wenn sie von der Sonne beschienen werden, den steten Wechsel zwischen Gassen und Plätzen. Häufiger besuchen sie Bologna, Ravenna und Rimini. Von Modena sehen viele nur die Schauräume der Luxus-Automobilhersteller.

Wenn man Carla Galli auf den Dachboden folgt, riecht man den Essig bereits auf der Treppe recht intensiv – die Fässer haben eine Öffnung, die nur mit einem Tuch abgedeckt wird. Ein angenehmer süßlich-

saurer Geruch ist das, der mit der Feuchtigkeit aus dem eingekochten Most entweicht und den man auch in entlegeneren Winkeln des Hauses schwach wahrnimmt. Schon dieser Geruch macht deutlich, dass man den Aceto Balsamico Tradizionale nicht unbedingt als Salatdressing verwendet, eher beträufelt man damit Fleisch und Käse oder gibt ihn in ein Risotto. Auch mit Süßem harmoniert er hervorragend: Ein paar Tropfen davon auf Erdbeeren oder auf ein Vanilleeis, und man hat ein simples und doch raffiniertes Dessert.

Auf Dachböden ist der eingekochte Traubenmost großen Temperaturschwankun-

gen ausgesetzt, auch das trägt – wiederum aus wissenschaftlich schwer zu erklärenden Gründen – zur Reifung des Aceto bei. Weshalb Essigkellerei eine unzutreffende Übersetzung ist für eine Acetaia. Carla Galli hat ein Dutzend Fass-Batterien auf ihrem Dachboden installiert, einige gehören ihrem Sohn. Gemeinsam, sagt sie, würden sie 13 Liter Aceto Balsamico Tradizionale im Jahr gewinnen. Für einen Liter brauche es einen Zentner Trauben. Einen Großteil verkaufen die Gallis direkt ab Hof. In ihrem Gästebuch haben sich Niederländer, Kanadier, Japaner, Franzosen eingetragen. „Inzwischen gibt es Hersteller, die ihren Aceto nicht mehr vom Konsortium zertifizieren lassen, weil sie eine Stammkundschaft haben, die ihnen vertraut", berichtet die Mittfünfzigerin. Das mache den Balsamico billiger. Schließlich muss man etwa 45 Euro für ein Fläschchen Zwölfjährigen bezahlen und 70 Euro für einen 25-Jährigen.

Der Preis erklärt sich aus dem Aufwand der Herstellung und dem geringen Angebot: Gerade einmal 70 000 Flaschen zu je 100 Milliliter bedeuten die gesamte Jahresproduktion in der Provinz Modena. Nur in der angrenzenden Provinz Reggio Emilia wird ebenfalls Aceto Balsamico Tradizionale hergestellt. Die beiden Produkte sind beinahe identisch. Sie kommen lediglich in unterschiedlichem Alter in den Verkauf: In Modena als zwölfjähriger Affinato und als 25-jähriger Extravecchio; in Reggio Emilia zusätzlich 18-jährig.

Die Flaschen sind übrigens eine Besonderheit für sich: Entworfen hat sie der Designer Giorgio Giugiaro. Sie stehen auf einem rechteckigen Sockel, der sich zu einer Kugel weitet, auf der wiederum der schlichte Hals sitzt. Echter Balsamico darf ausschließlich in diesen Gefäßen abgefüllt werden.

Entscheidend für seine Qualität sind allerdings andere Behältnisse: die Fässer. Auf deren Herstellung hat sich die Firma Renzi spezialisiert. Francesco Renzi kann den Stammbaum seiner Familie bis 1546 zurückverfolgen, er hat ihn im Büro seines Familienbetriebs ausgehängt. „Ursprüng-

lich kommt die Familie aus Brixen", erzählt Renzi, „hieß Riensi und fertigte Wein- und Branntweinfässer." Francescos Vater – er trug den bezeichnenden Namen Dionisio – verschlug es mit seinen Eltern weiter in den Süden. In den dreißiger Jahren begann die Manufaktur – damals war der Name bereits zu Rienzi italienisiert –, Balsamicofässer herzustellen. Ein Prozess, der ähnlich langwierig ist wie die Reifung des Essigs.

Mindestens sechs, teilweise zwölf Jahre lagert das Holz, ehe Renzi mit seinen Söhnen Roberto und Matteo sowie einem Angestellten Fässer daraus baut. Der Regen wäscht die Tannine aus, anschließend muss das Holz viel Feuchtigkeit verlieren, ehe es wiederum gekocht und gebogen wird. Francesco Renzi erzählt all das so sorgfältig, wie er arbeitet. Bis vor Kurzem ist er stets selbst regelmäßig in den Osten Kroatiens gefahren, nach Slawonien, um das Holz zu kaufen. Inzwischen hat er einen Vertrauensmann gefunden, der das für ihn erledigt.

Auf den ersten Blick ist wenig zu sehen in den Hallen und auf dem Hof der kleinen Firma – aber eben doch sehr viel zu erfahren. 600 bis 700 Fässer bauen die Renzis jedes Jahr, zwischen 550 und 600 Euro kostet eines. Auch müssen alte Fässer mitunter ausgebessert werden. „Umso dicker der Balsamico ist, desto mehr verliert das Holz an Substanz", erläutert Francesco Renzi. „Die kleinen Fässer sind am stärksten beansprucht." Deshalb darf das Holz nicht behandelt und das Fass auch nicht verleimt sein – all diese Stoffe würden sich im Balsamico wiederfinden.

Jeder Hersteller hat seine eigene Vorstellung von der Reihenfolge der Hölzer in seiner Batterie. Eiche, Esche, Akazie werden verwendet, Kastanie, Vogelbeere und Wacholder. Je nachdem, in welchem Stadium der Balsamico mit welchem Holz in Kontakt kommt, entwickelt er bestimmte Nuancen im Geschmack.

Matteo und Roberto Renzi stellen selbst auch Balsamico her. Für den Hausgebrauch. Die Holzsorten der Fässer: ein Familiengeheimnis.

VON KAI STRITTMATTER

EXPLOSION DER BOMMEL

In Harbin im Nordosten Chinas wird es
bis zu minus 30 Grad kalt. Aber einmal im Jahr,
zum Eisfestival, geht es in der Stadt heiß her.

Gut getarnt:
Verkleidete Touristen fallen
in Harbin gar nicht so sehr auf,
nicht einmal, wenn sie
rudelweise auftreten. Dick eingepackt
ist hier sowieso jeder.

Harbin ist so kalt, da gefriert dir die Spucke im Flug, hatte mich ein Pekinger Freund gewarnt. Das konnte ich so nicht beobachten. Aber Raureif aus den Augenbrauen klopfen, das ging. Von plus 30 Grad (eine Insel in Thailand) auf minus 30 (die Fußgängerzone in Harbin) in nur drei Tagen – das war ein wenig wie freier Fall in die Eishölle. Na ja, ehrlich gesagt waren es am Ende nur minus 27 Grad Celsius.

Die erste Überraschung: Wenn einem nicht gerade der Wind über die Wimpern streicht und sie davonbläst, dann merkt man die Kälte in den ersten Momenten gar nicht. Keine Eisfaust im Gesicht. Zumal dann nicht, wenn man gut eingepackt ist: Thermounterwäsche unter der Jeans, gefütterte Skihose darüber, und in die Schuhe kommen selbsterhitzende japanische Gel-Einlagen. Was sich zeitweise so anfühlt, als laufe man über eine nachglühende Herdplatte. Die Kälte kriecht erst langsam unter die Haut. Schwachstelle ist das Gesicht, zumindest solange man sich weigert, eine der Masken aufzusetzen, die allenthalben angeboten werden, Modell Monchichi oder Pandabär. Nach zehn Minuten setzt die Lähmung der Kinnmuskulatur ein, nach 15 ist es beim Sprechen ein wenig, als lalle man, nach 20 ist einem die Nase abhandengekommen. Oder vielmehr das Gefühl für sie.

Wenn man überhaupt so lange durchhält. Weniger gut eingepackte Touristen teilen ihren Spaziergang durch die nüchtern benannte Zentralstraße, die einst das Herz des historischen Harbin war und heute als Fußgängerzone dient, in Zehn-Minuten-Intervalle ein. Sie springen von Café zu Café, von denen sich nicht wenige in Gründerzeitbauten aus Backstein befinden, jenen architektonischen Überresten der russisch-jüdischen Anfangsjahre dieser Stadt um 1900. Vielen Lokalen ist das russische Erbe auch im Angebot noch anzusehen: Hier gibt es Schwarzbrot, dort wird Borschtsch serviert, und da vorne hängen dicke Knoblauchwürste von der Stange. In einer Konditorei thront der in Kuchenteig gebackene Rapper Psy auf dem Regal.

Die Kälte kriecht erst langsam unter die Haut. Schwachstelle ist das Gesicht, solange man sich weigert, eine der Masken aufzusetzen, die allenthalben angeboten werden, Modell Monchichi oder Pandabär.

Psy ist nicht Russe, er ist Koreaner, aber auch hier in Harbin mit seinem „Gangnam Style" längst eingemeindet und ausgeweidet. Drinnen Psy als Torte, draußen Psy als Schneeskulptur. Die meistfotografierte in der Straße.

Weiter unten steht die aus Eis gehauene Skulptur jener die Arme in den Himmel stechenden Marinelotsen, die vor ein paar Monaten die erste Landung eines Kampffliegers auf Chinas erstem Flugzeugträger eingeleitet haben. Mit ihrer in Chinas Wohn- und Schlafzimmern millionenfach nachgestellten Pose wurden sie zu Internetstars. Die Reihe der Skulpturen in der Zentralstraße hat etwas von einem schockgefrosteten Karnevalszug.

Junge Mädchen drängen sich vor Psy, stehen Schlange fürs Erinnerungsfoto, manche setzen an zum Reitertanz, etwas schwerfällig und in Zeitlupe, aber wie auch anders, wenn man sich so farbenprächtig und dick eingepackt hat, dass die Straßen von Harbin zeitweise so wirken, als finde hier der Weltjahrestreff der Teletubbies statt. Die Ohren werden unter einer Explosion von Puscheln und Bommeln aller Art versteckt, dazu über Mund und Nase die Pandamasken, was passt, wenn man mit der gleichen Eleganz durch die Stadt tapst wie der Große Panda durch den Bambuswald. Die Einheimischen dagegen ignorieren die Kälte souverän, die längsten Schlangen bilden sich tatsächlich nicht bei den heißen Maroni, sondern vor dem Kiosk, der Eis am Stiel verkauft. Alle warten auf den Abend, auf die einsetzende Dunkelheit, denn dann, so hatte uns die Zeitung China Daily gewarnt, dann werde Harbin zu einer Stadt, „die in ihrem Inneren glüht vor Leidenschaft". Also, ganz tief drinnen.

Noch vor etwas mehr als einem Jahrhundert waren hier ein paar kleine Bauerndörfer. Die Russen, die diesen Teil der Mandschurei besetzt hatten, verlegten hier die Transmandschurische Eisenbahn, einen Ableger der Transsib, und gründeten 1898 die Stadt. Es folgte 1931 die japanische Besetzung, später die sowjeti-

*Die Einheimischen ignorieren die Kälte
souverän. Aus dem Songhua-Fluss
schneiden sie nicht nur das Eis für die Skulpturen,
sondern auch Becken zum Baden.*

sche Rückeroberung und schließlich die Übernahme durch Chinas Kommunisten 1946. In der ersten Hälfte ihres Bestehens war die Stadt eine erstaunlich kosmopolitische Handelsmetropole: Hier siedelten Russen, Chinesen, Juden, Polen, Japaner, Armenier, Deutsche, ein Jahr lang wurden hier die Deutsch-Mandschurischen Nachrichten herausgegeben. Später wurde die Stadt zum Sitz von Schwerindustrie, aber mit Einsetzen des Kalten Kriegs und der Entfremdung zwischen Peking und Moskau war sie mit einem Mal nicht mehr Nordostasiens lebendiger Knotenpunkt, sondern nur mehr ein abgelegener Außenposten mit sumpfigen Sommern

und eisigen Wintern. Noch heute preist die Sechs-Millionen-Stadt neben der neobyzantinischen Sophienkathedrale als ihre größten Sehenswürdigkeiten das Denkmal zum Kampf gegen das Hochwasser an und ein japanisches Labor zur biologischen Kriegsführung, in dem japanische Militärärzte grausame Experimente an Zivilisten durchgeführt haben. Nicht gerade der Stoff für Touristenträume. Aber sie haben ja zum Glück auch den Songhua-Fluss. Und sein Eis.

Früher, erzählt man sich hier, hätten die Fischer und Bauern im Winter für Arbeiten im Freien Wasser in einen Eimer gegossen und sich einen eisigen Lampenschirm ge-

200 Menschen arbeiten 20 Tage lang an den Skulpturen.
Die meisten der Handwerker sind Schreiner.
Sie durchziehen die Eisblöcke mit LED-Strängen, damit sie nachts leuchten.
Am Ende sieht es aus, als habe jemand das Oktoberfest aus Swarovski-Kristall nachgebaut.

es weiter. „Fast alle unsere Handwerker sind Schreiner", sagt Zhu, „sie benützen für die Arbeit dieselben Werkzeuge wie in ihren Schreinereien." 200 Leute arbeiten 20 Tage an den Eisskulpturen im Park. Zhu selbst ist Eisbildhauer. Das Eis ist da gar nicht mal das Wichtigste – das Licht ist es. „Früher haben wir einfache Neonröhren benutzt. Seit 2007 setzen wir LED-Stränge ein, die die Eisblöcke durchziehen." Seither können die einzelnen Blöcke die Farbe wechseln. „Toll", findet Zhu.

Die Nacht ist da. Glüht Harbin? Auf jeden Fall leuchtet, gleißt und blinkt es. Gewaltige Eispaläste in Pink und Grün, Eistempel in Lila und Gelb, Eispagoden in Blau und Rot. Die „Eis- und Schneewelt" auf der Sonneninsel im Fluss nennt sich selbst den „weltgrößten" Eisvergnügungspark. Es ist ein wenig so, als habe einer das Oktoberfest aus Swarovski-Eiskristall nachgebaut. Es gibt Eisbars, Eisbuddhas und eine turmhohe Flasche Harbin-Bier aus Eis. Es gibt kilometerlange Eisrutschen, auf denen einander fest umklammernde Pandabärchen-Pärchen kreischend herabrutschen, um am Boden zu zerschellen. Es gibt sexy Schneehasen in schwarzer Skiunterwäsche, die auf einer Eisbühne Gangnam-Style tanzen („Wollt ihr mehr?" – „Ja!" – „Wollt ihr MEHR?" – „Jaaa!" – „WOLLT IHR MEHR?" – „JAAA!"). Es gibt auch eine „European Style Dancing Show", wo leicht bekleidete Russinnen „ihre schönen Stellen zeigen", wie der Herr an der Kasse versichert.

Viel los ist in der „Eiswelt" nicht, für chinesische Verhältnisse jedenfalls. Das größte Gedränge herrscht in der Männertoilette. Und zwar im Gang in der Mitte, wo Dutzende Männer mit hochrotem Gesicht umständlich versuchen, sich durch unzählige Schichten Fleece, Filz, Baumwolle und Nylon hindurch wieder einzupacken und zuzuknöpfen, nicht wenige mit peinlich berührter Miene, die von dem einen oder anderen Ungeschick (verstauchter Daumen) zeugt.

Der Preis schreckt viele ab: 300 Yuan Eintritt, umgerechnet 36 Euro für die „Eis- und Schneewelt" allein, die Organisatoren

rechtfertigen das mit der kurzen Lebensdauer ihrer Mammutbauten: Ende Februar ist schon wieder Schluss. Aber von dem Geld ernährt mancher Chinese seine Familie eine ganze Woche lang. Die Schneeskulpturen am nächsten Tag im Park nebenan kosten 240 Yuan. Und der der „Zhaolin-Park" im Zentrum verlangt noch einmal 200.

„Das ist für euch Ausländer", sagt Herr Yi, unser Fahrer, „und für die Südchinesen, die so wild sind auf Schnee und Eis." Yi ist Harbiner, sein 14-jähriger Sohn, erzählt er, habe unlängst den Eisdesignwettbewerb seiner Klasse gewonnen. Er selbst aber habe sich die Skulpturen nicht mehr angeschaut seit jenem Jahr, da der Eintritt einen halben Yuan überstieg. Das muss Ende der achtziger Jahre gewesen sein. „Für uns normale Leute ist das nichts mehr", sagt er, „sie bauen nur noch groß und teuer, Hauptsache gigantisch. Aber das Herz und die Kunst, wo sind die geblieben?"

Für die Kunst, sagt die Stadt, gebe es die internationalen Wettbewerbe, je einen für die Eis- und für die Schneekünstler, die mit ihrem weicheren Material filigranere Figuren schaffen können. Auf der Sonneninsel kann man die Arbeiten bewundern, es ist ein Paradies für Freunde von Meerschaumschnitzereien: Hier tummeln sich Delphine und nackte Meerjungfrauen, Phönixe und sich wild aufbäumende Pferde. Den zweiten Preis gewann in diesem Jahr die Schneeskulptur, die darstellt, wie eine Frau mit aufgelöstem Haar einen Leoparden küsst. „Die Arbeit zeigt unser Verlangen nach einem romantischen Leben", heißt es im Urteil der Jury. Überraschungssieger bei den Eisbildhauern wurden in diesem Jahr zwei junge Russen aus der Amurregion. Ihre Skulptur zeigt ein sich aufbäumendes Motorrad. „Bei uns hält man Schneemotorradrennen ab, um die jungen Leute von Drogen fernzuhalten", wurden die beiden nach ihrem Sieg zitiert. Ihre Motorradskulptur – für Laien das in Eis gegossene Tattoo eines Hell's Angels – symbolisiere „einen gesunden Lebenswandel".

froren, in dessen hohle Mitte sie dann eine Kerze stellten, die so vor dem Wind geschützt war. Die ersten Eislaternen. 1963 organisierte die Stadt erstmals ein Eisfest, damals mit in Eis geschnitzten Hommagen an heroische Arbeiter, Bauern und Soldaten. Da wurden die Blöcke für die Skulpturen schon aus dem Eis des Songhua-Flusses gesägt, so wie heute noch. Zhu Xiaodong, der sein Atelier beim Zhaolin-Park hat, war gerade mal zwei Jahre alt, als hier im Park die ersten Eisskulpturen ausgestellt wurden. Erinnern kann er sich nicht – die Kulturrevolution von 1966 bis 1976 machte Schluss mit künstlerischem Vergnügen. Erst Anfang der achtziger Jahre ging

VON JENS FUGE

KUBA LIBRE

Harley-Fahrer sind eine verschworene Gemeinschaft,
erst recht auf der sozialistischen Insel.
Ernesto Guevara, der Sohn des Che, ist einer von ihnen.

Scheinbar endlos winden sich die Landstraßen durch die karibische Vegetation. Der satte Sound ist typisch, die schwammige Lenkung gewöhnungsbedürftig – die meisten Maschinen sind uralt.

Eine ruhige Seitenstraße irgendwo in Havanna: Ein alter Lada steht am Straßenrand, daneben hocken ein paar alte Männer um einen Tisch und spielen Domino. Die Sonne brennt, das Thermometer zeigt 30 Grad. Dem 46-jährigen Ernesto Guevara rinnt Schweiß übers Gesicht. Er fummelt mit einem langen Schraubendreher an seinem antiken Motorrad herum. „Das geht jeden Tag so", sagt er, „das raubt einem die Nerven." Seine Harley-Davidson Panhead, Baujahr 1949, liefert keine Kompression mehr und verliert Öl. Was in Deutschland problemlos in einer Fachwerkstatt repariert würde, gerät auf der Karibikinsel schnell zur unlösbaren Riesenaufgabe. Nicht, weil das technische Können nicht vorhanden wäre. Es sind die Ersatzteile, die fehlen. Schuld daran hat auch Ernestos Vater.

Als 1962 die siegreichen Revolutionäre um Fidel und Raul Castro sowie Che Guevara die amerikanischen Wirtschaftsunternehmen auf der Insel verstaatlichten, verhängten die derart gedemütigten USA ein Wirtschafts-, Handels- und Finanzembargo. Nichts gelangte mehr hinaus aus Kuba, nichts kam mehr herein – zumindest nicht auf direktem Weg. Seit 50 Jahren ist das so. Auch Ernesto Guevara muss sich dem täglichen Kampf um Geld, Lebensmittel und etwas Komfort stellen. Wobei er es als Sohn einer Ikone etwas leichter haben dürfte als der durchschnittliche Kubaner, der nur etwa zwölf Euro Monatseinkommen zur Verfügung hat. Der Sohn des Che ist Rechtsanwalt. „Wir kommen zurecht", sagt er nur. Über seinen Vater will er überhaupt nicht sprechen. So können wir auch nicht über den Widerspruch disku-

tieren, den der Besitz einer Harley in Kuba hervorruft, und wie es zusammenpasst, dass ausgerechnet ein Sohn der Revolution das Erbe des Klassenfeindes pflegt.

Über die Maschinen redet er gerne. Er sagt, er liebe es, mit der Panhead in die Berge der Sierra de San Carlos zu fahren, von wo aus man das Meer sehen kann. Er hat die Augen seines Vaters, die gleichen Lachfältchen. Mit seinem leichten Bauchansatz ist er eine stattliche Erscheinung. Er trägt ein Hemd mit blauem Karomuster, neue Jeans und abgewetzte Bikerstiefel. Seine kurz geschorenen Haare sind leicht angegraut. Er lächelt viel, wirkt ausgeglichen, ein wenig in sich gekehrt. Dann kickt er die altersschwache Panhead an. Zwei, drei Tritte genügen, dann lässt die Harley den so typisch tiefen, satten Sound vernehmen. Man kann die einzelnen Stöße der Zylinder hören, so langsam dreht der Motor. Der Sohn des Che schwingt sich auf den breiten Sattel, klappt den Ständer hoch und donnert die Straße hinunter. Für einen kurzen Moment sieht er aus wie sein Vater im Film „Die Reise des jungen Che", der auf einer 500er Norton durch Südamerika braust.

Wer auf Kuba eine Harley besitzt, hat feste Grundsätze. Der vornehmste ist, den Schatz nach Kräften zu hegen und zu pflegen. Die meisten „Harlistas", wie sie sich nennen, würden ihre US-Babys niemals verkaufen. Sie geben ihnen Namen, putzen täglich ihre Chromteile und parken sie im Wohnzimmer. „Sie sind für uns wie Familienmitglieder", sagt Luis Enrique, Präsident der Vereinigung Motor Classics, die sich dem Erhalt der alten Modelle widmet. Er ist so etwas wie der Guru der kubanischen Harley-Szene, einer ihrer wichtigsten Schrauber und derjenige, der uns zu Ernesto Guevara geführt hat. In Luis' 57er Buick erkunden wir die Insel. Angetrieben wird der Oldtimer von einem Schiffsdiesel. Sämtliche Verkleidungen sind entfernt, im Inneren des Wagens ist überall das blanke Metall zu sehen. Die Scheiben klappern, Drähte schlängeln sich durchs Wageninnere.

Enriques Haus im klassischen Kolonialstil steht in Havannas Zentrum. Es erinnert an jene Ära, die mit der Revolution beseitigt wurde. Säulenarchitektur, Terrazzofußboden und die mondänen Schaukelstühle auf der Terrasse suggerieren Wohlstand. Die Enri-ques gehören zweifellos zu den Betuchteren in Kuba, aber leicht haben auch sie es nicht. Die Bausubstanz der Villa ist marode, die Familie ist groß, und das Geld ist knapp. Der Familie hilft, dass sie über Kubas Zweitwährung Peso convertible (CUC) verfügt, die Enrique von ausländischen Harley-Freunden bekommt, die er bei Touren über die Insel begleitet.

Für den konvertiblen Peso kann man alles kaufen, was es in den staatlichen Läden nicht oder nur in sehr begrenztem Umfang gibt: Kühlschränke, Handys, Lebensmittel. Staatschef Raul Castro, dem mehr ökonomischer Sachverstand als seinem Bruder Fidel nachgesagt wird, hat die Wirtschaft notgedrungen für private Eigeninitiative geöffnet.

Ernesto Guevara fährt eine altersschwache, rote Panhead. Über den Widerspruch, dass ausgerechnet ein Sohn der Revolution das Erbe des Klassenfeindes pflegt, will er nicht sprechen.

In den vergangenen Jahren sind Cafés, Pizzastände und private Restaurants entstanden. Viele Familien vermieten eine private Unterkunft, eine Casa particular. Taxifahrer, Fremdenführer, Friseure, Tauchlehrer – der Privatsektor boomt. Luis Enrique, ein schlanker Mann Anfang 40, arbeitet schon lange auf eigene Rechnung, lebt von der Reparatur der Harleys. Dabei muss er erfinderisch sein. Alte Lada-Kolben, Ventile russischer Trucks und Transformator-Teile sind die Bastelgrundlage. „Die Ketten für den Antrieb unserer Motorräder haben wir aus verrosteten Maschinen einer aufgegebenen Coca-Cola-Fabrik gebaut", erklärt Enrique stolz. Weil es keine passenden Reifen auf ganz Kuba gab, wurden einfach die Felgen auf die verfügbare Größe umgebaut.

Harlistas wie Enrique sind keine Umstürzler oder Dissidenten. Sie haben Spaß an der Gemeinschaft, an der Technik, an ihrem Status. Denn nach einer Harley drehen sich auch in Kuba die Leute um. Typisch kubanisch – mit Zigarre und einem Glas Rum in der Hand – präsentieren sie ihre aufgemotzten Schmuckstücke jeden Samstagnachmittag am alten Grand Hotel Nacional de Cuba an der Uferpromenade Malecon. „Gringas" nennen sie ihre zweirädrigen Freundinnen aus den USA. So zeigen sie öffentlich das kleine bisschen Unangepasstheit, das ihnen zugestanden wird.

Der Hauch Rebellentum, der die Biker der Karibikinsel umweht, resultiert aus der Abneigung des Staates gegen alle Einflüsse des ungeliebten Klassenfeindes. Doch die Harlistas sind optimistisch: „Eines Tages werden die Behörden akzeptieren, dass unsere Lebensart sich nicht gegen den Staat richtet", sagt einer, der seinen Namen nicht nennen will. Die Aversion der Behörden ging sogar so weit, dass 1967 die gesamte Harley-Flotte von Polizei und Armee verschrottet und vergraben wurde. Die Frage, wo die Wracks ruhen, befeuert seit Langem die Phantasien der Harley-Gemeinde. Die Antwort ist eines der größten Geheimnisse Kubas.

Jahrelang wurden die Treffen der Harley-Enthusiasten misstrauisch beobachtet. Kein Wunder, nimmt man hier doch kein Blatt vor den Mund. Unverblümt wird über Korruption, die miserable Versorgungslage, die ewigen Engpässe, die Armut diskutiert. Auch wenn einer der Männer bekennt, er sei ein kubanischer Revolutionär, der alle Phasen der Entwicklung im Land „mit Enthusiasmus begleitet" habe, sind seine Ansichten ebenfalls kritisch. So diskutieren sie die Regeln des sozialistischen Systems, ohne es gänzlich infrage zu stellen. „Hier passiert nichts Radikales, aber die Dinge ändern sich langsam. Die Leute glauben nicht mehr alles, was man ihnen erzählt", sagt Carlos, ein schmaler Mann mit Kopftuch und US-Flagge am Ärmel seiner Motorradjacke. Für die Jungs vom Malecon ist die Harley-Davidson das Vehikel, sich auszudrücken –

Che Guevara ist allgegenwärtig. Nach seinem Sieg verhängten die USA ein Wirtschaftsembargo. Seitdem gelangt keine Fahrzeugtechnik mehr ins Land.

auch ohne Worte. „Damit zeigen wir unsere Einstellung", sagt Carlos, „und die heißt: Wir gehen unseren eigenen Weg." Nicht ohne Erfolg: „Früher haben die Polizisten uns als Freunde des Kapitalismus verfolgt, wenn sie uns auf den Harleys gesehen haben. Heute winken sie uns zu", erzählt Carlos, während er an seiner roten 1946er Flathead lehnt und sich bereitwillig von Touristen fotografieren lässt.

Am nächsten Tag beginnt ein Road-Trip über die Insel. Wir dürfen mit den Oldtimern fahren, müssen uns an die starren Rahmen und die schwammigen Lenkbewegungen gewöhnen. Mit dem satten Harley-Sound knattern wir durch die belebten Straßen Havannas, dann am Malecon entlang, spüren die leichte Brise, die aus Richtung Florida herüberweht.

Gemächlich tuckern wir über sich scheinbar endlos windende Landstraßen und durch die üppige tropische Vegetation, überholen Eselskarren, Reiter auf Pferden, Radfahrer auf der Autobahn. Am Straßenrand verkaufen Händler frisches Obst, gebackenes Huhn oder frisch gepressten Zuckerrohrsaft. An einer Tankstelle müssen wir warten, ein rostiger Tankwagen russischer Bauart liefert gerade Nachschub. Trotz hoher Spritpreise, die in CUC zahlbar sind, ist der Andrang groß. Etwa 1,20 Euro kostet der Liter bleifreies Normalbenzin – für einen Kubaner ein Vermögen. Das Tankstellennetz ist ordentlich ausgebaut, nur in dünn besiedelten Gegenden sollte man lieber jede Gelegenheit zum Nachtanken nutzen.

Später essen wir in Trinidad an der Südküste Kubas, das für seine Plaza Mayor mit

Kolonialzeit-Flair berühmt ist und zum Welterbe zählt. Das private Restaurant hat erst vor einem Jahr eröffnet und liegt in einem einfachen Wohnviertel, in das sich kaum Touristen verirren. Der Fisch wird von dem 63-jährigen Händler Mario geliefert. Jeden Morgen steht er um vier Uhr am Hafen und feilscht mit den Fischern, ehe er Barrakuda, Dickkopf-Makrele, Tarpun und Thunfisch zu den Köchen transportiert, auf einer Harley. Der US-Oldtimer als Grundlage für freies Unternehmertum – schließt sich da der Kreis? Mario sieht es rein pragmatisch. Die alte Maschine eigne sich eben für viele Zwecke, sagt er. Obwohl, auf einer MZ oder Jawa wäre es nicht das Gleiche. Wo bliebe da das Besondere, das typisch Kubanische? Denn ein bisschen revolutionär seien sie ja immer noch, die Kubaner, sagt Mario. Und die Harlistas noch ein wenig mehr.

VON HANS GASSER

ASTRA GEGEN AURORA

Auf der Insel Gozo liefern sich zwei
Opernhäuser einen erbitterten Wettstreit.
Die Fronten verlaufen quer durch ganze Familien.
Ein Probenbesuch

Der Sitzungssaal ist mondän, der Dirigent empfängt lässig in Shorts und Flip-Flops: Colin Attard, Dirigent im Aurora.

Der Vorfall. Warum denn alle immer auf diesen Vorfall zu sprechen kämen? Paul Zammit kann durchaus ungehalten werden, wenn man ihn nach „Aida" fragt, jener Oper, die im fernen Jahr 1999 nicht nur sein Haus, das Teatru Astra, aufgeführt hat, sondern auch die Konkurrenz vom Teatru Aurora. Und zwar beide innerhalb von einer Woche. Wenn man dann noch wagt zu fragen, ob er, Paul Zammit, Präsident des fast 150 Jahre alten Band-Clubs La Stella, die diesjährige „Turandot"-Aufführung des Teatru Aurora besucht, betrieben vom mindestens so stolzen Band-Club Leone, dann ist Schluss mit lustig. „Bekommt ihr Journalisten auf der Fähre aus Malta einen vergifteten Kaffee, der euch immer nur dieses eine fragen lässt?", fragt Zammit verärgert. „Das ist doch nicht interessant. Interessant ist das Wunder, das wir auf dieser Bühne jedes Jahr vollbringen!"

Man muss aber das Wunder und den Vorfall erklären, denn das eine wäre ohne den anderen nicht denkbar, hier in Victoria, der 7500 Einwohner zählenden Hauptstadt der Insel Gozo. Victoria ist ein freundliches Städtchen, mit einstöckigen, aus gelbem Kalkstein gebauten Häusern, an denen bunte Holzerker kleben. Es gibt eine Festung und viele Kirchen, die für einen so kleinen Ort recht überdimensioniert wirken. Und an der Republic Street, der Hauptstraße, die den Ort durchzieht, stehen zwei Opernhäuser: das Teatru Astra mit 1200 Sitzplätzen und, nur 300 Meter weiter auf der anderen Straßenseite, das Teatru Aurora mit 1600 Sitzplätzen. Gebaut wurden beide Ende der sechziger, Anfang der siebziger Jahre, das eine von den La-Stella-Leuten, das andere von den Leone-Leuten. Die Band-Clubs, die beide in ihrem Namen den Zusatz „philharmonische Gesellschaft" tragen, sind so etwas wie in Deutschland die lokalen Blaskapellen, nur ein paar Takte ambitionierter und: viel zerstrittener.

Das geht so weit, dass man sich weder abspricht, was die jährlich im Oktober aufgeführten Opern betrifft, noch überhaupt miteinander redet, ganz zu schweigen da-

Das Aurora-Theater hat eine Star-Sängerin gewinnen können. Das ist gut, um dem anderen Opernhaus die Show zu stehlen.

von, dass die Präsidenten oder Dirigenten die Aufführung der Konkurrenz besuchen oder, völlig absurd, im Dienste des Tourismus für ein gemeinsames Opernfestival kooperieren würden. Der Vorfall von 1999, als beide aus Sturheit nicht von „Aida" ablassen wollten, sitzt immer noch wie ein Stachel der auf der Insel weit verbreiteten Feigenkakteen im Fleisch der Opernmacher. In diesem Jahr steht zweimal Puccini auf dem Programm – im Aurora führen sie „Turandot" auf, im Astra geben sie Ende Oktober „Madame Butterfly".

Die Ähnlichkeit stört Colin Attard wenig, denn ihm geht es vor allem um die Musik.

Attard ist Dirigent im Aurora, und heute Abend ist Generalprobe von „Turandot". Der energiegeladene 49-Jährige mit von wilden Haaren gesäumter Glatze empfängt in Flip-Flops und Shorts im Sitzungssaal des Aurora-Theaters: mondäne Tapeten, Kristalllüster, in der Mitte ein schwerer Holztisch mit einem brüllenden goldenen Löwen drauf, dem Bandsymbol. Für die Hauptrolle habe er Maria Guleghina gewinnen können, die vorige Woche noch die gleiche Rolle in der Metropolitan Opera in New York gesungen habe. „Und jetzt ist sie hier", sagt Attard ehrfurchtsvoll. „Dass ein solcher Star zusammen mit lokalen Amateuren auftritt, aus denen der Chor zum Großteil besteht, das ist das Besondere an der Oper in Gozo!"

Darum geht es beim Opernwettstreit auch: Wer kann die größeren Stars einkaufen und den anderen damit die Show stehlen? Denn das Orchester ist bei beiden Opern dasselbe, das Malta Philharmonic Orchestra. „Das einzige, das auf unseren Inseln Opern spielen kann", sagt Attard. Nur der Dirigent ist ein anderer. Während Attard seit 22 Jahren den Leone-Band-Club und die Opern im Aurora dirigiert, steht auf der anderen Seite, in selber Funktion, seit 40 Jahren Attards Onkel Joseph Vella. So viele gute Dirigenten gibt es auf den kleinen Inseln eben auch nicht. Er habe zwar bei seinem Onkel gelernt, sagt Attard, aber trotzdem fände er es „unethisch", mit ihm über die aktuellen Aufführungen zu sprechen. „Ich hätte nichts dagegen, mir die andere Oper anzusehen, aber das würde unsere Leute und noch mehr die anderen brüskieren." In anderen Städten gebe es eine ähnliche Rivalität wohl nur beim Fußball: „Sie müssen sich das so vorstellen wie zwischen dem FC Bayern und 1860 München", sagt Attard.

Aber Astra und Aurora spielen in derselben Liga, und das Derby zieht sich hier durchs ganze Jahr. Im Februar sind es die Karnevalsumzüge, im Sommer geht es darum, wer die besseren Prozessionen und Feuerwerke zu Ehren des eigenen Kirchenpatrons ausrichtet, und im Oktober ist eben die Disziplin Oper angesagt. Doch wer bestimmt den Gewinner? Wenn es in dieser gespaltenen Stadt einen gibt, der schon von Amts wegen neutral sein muss, dann wohl der Bürgermeister.

„Neutral?", sagt Samuel Azzopardi beim Abendessen im Café Jubilee, einem gemütlichen Pub am It-Tokk, dem Hauptplatz von Victoria. „Neutral kann ich nicht sein. Ich bin objektiv." Dabei grinst der 30-Jährige und schiebt hinterher, dass natürlich auch er in eine Kirchengemeinde hineingeboren wurde, Santa Marija, zu der La Stella und somit das Astra-Theater gehören. „Die eigenen darf ich kritisieren, bei den andern muss ich etwas diplomatischer sein." Aber in jedem Fall gebe es einen Gewinner der Rivalität: „Ohne sie hätten wir in Victoria sicher nicht dieses reiche Kulturleben und das hohe Niveau unserer Opernaufführungen."

Und damit sind wir wieder beim Wunder, das Astra-Präsident Paul Zammit meint. Denn trotz des manchmal lächerlich wirkenden Streits sind die aufwendigen Opernaufführungen erstaunliche Kraftakte mit der Beteiligung von vielen Freiwilligen. Von den Kostümen über das Bühnenbild und den Chor, der großteils aus Einheimischen besteht, bis hin zu Programmheften, Kartenverkauf und Werbung wird alles von opernbegeisterten Gozitanern gemacht, die keinen Cent dafür bekommen. „Unser Bühnenbildner nimmt sich drei Wochen frei, um hier zu arbeiten", sagt Zammit im Publikumsraum des Astra und weist auf den Mann, der auf der Bühne gerade einen riesigen Buddhakopf mit Goldfarbe bemalt. Er wird, genau wie die rote Pagode daneben, bei der Aufführung von Wasser umgeben sein – Wirkungsort von Cho Cho San alias Butterfly, für die man die italienische Sopranistin Daniela Dessì gewonnen hat. „Der Lohn ist am Ende der Stolz", sagt Zammit, „wieder einmal geschafft zu haben, was ganz Malta nicht schafft." Die Hauptinsel Malta, will er damit sagen, besitzt nämlich kein Opernhaus, seit die Deutschen die Oper im Zweiten Weltkrieg zerbombt haben.

Man muss sich dazu stets vergegenwärtigen, dass Gozo eine Insel ist, die man mit dem Fahrrad an einem Tag gemütlich ab-

Das Astra-Theater
liegt in der gleichen Straße
wie das Aurora,
nur 300 Meter weiter.
Und doch trennen beide
Spielstätten Welten.

fahren kann. Es gibt hier ein paar schöne Sandbuchten, viel Steilküste, hübsche Dörfer mit riesigen Kirchen und beste Bedingungen für Taucher. Selbst im Herbst hat es noch über 25 Grad Celsius, das Wasser ist warm. Die meisten ausländischen Touristen kommen wegen dieser Dinge hierher. Das soll sich, wenn es nach Michael Caruana geht, aber ändern.

Caruana ist Paul Zammits Gegenspieler, auch wenn er das selbst niemals so nennen würde. Caruana ist Präsident des Leone-Band-Clubs. Weil er aber gleichzeitig der größte Baustoffimporteur für die Insel ist und ein Hotel mit 100 Zimmern besitzt,

gibt es außer der Oper noch ein paar andere Dinge, die ihm wichtig sind. Er empfängt ebenfalls im prunkvollen Sitzungsraum mit dem goldenen Löwen am Tisch. „Wir sollten diese Kirchturmpolitik hinter uns lassen", sagt der beleibte Mann mit ruhiger Stimme. „Aus touristischer Sicht wäre es besser, wenn die zwei Theater kooperieren. Das geht aber nur über die Vermittlung der Regierung." Einen solchen Versuch gab es bereits vor Jahren, der Minister soll damals entnervt die Hände vor dem Gesicht zusammengeschlagen haben. Caruana tut das mit einer Handbewegung ab. Ihm schwebt ein mehrmonatiges Kulturfestival im Herbst vor und eine professionelle Vermarktung der Opern im Ausland. Es kommen vor allem maltesische Touristen zu den Inszenierungen, weshalb diese nur ein-, höchstens zweimal aufgeführt werden. Das sei schade, denn eine längere Opernsaison würde auch eine längere Touristensaison bedeuten. „Schließlich können wir auf internationalem Niveau mithalten."

Die Generalprobe für „Turandot" am Abend macht einen professionellen, wenn auch etwas unkonventionellen Eindruck. Maestro Colin Attard dirigiert passioniert, gibt aber zwischen den Akten dem Chor noch Anweisungen. „Dai, dai, dai! Ihr seid immer zu spät!", ruft er auf Italienisch. Dann schimpft der Regieassistent mit den Chorleuten, weil sie ihre Kaugummis auf den Bühnenboden spucken. Schließlich geht es weiter, die Guleghina steuert mit ihrer gewaltigen Stimme den verspäteten Amateur-Chor, insgesamt ist es eine erstaunlich professionelle Aufführung.

Und während oben der Hochkultur gehuldigt wird, kann man sich in den Aktpausen im Theaterfoyer eine weitere gozitanische Besonderheit ansehen. In der Aurora Snack Bar wird Billard gespielt, alte Männer schauen auf drei Bildschirmen gleichzeitig Fußball, und an einer Reihe von Spielautomaten zocken Jungs höchst konzentriert Real Madrid gegen Barcelona. „Damit kann die Oper das ganze Jahr über etwas Geld verdienen", bemerkt Attard mit einem Grinsen.

VON STEVE PRZYBILLA

DURCH DEN WIND

Die Falklandinseln wollen ein Urlaubsziel werden.
Da gibt es noch ganz schön was zu tun.

Wenn Touristen auf den Falklandinseln von Kolonie sprechen, denken sie an Pinguine. Die Argentinier meinen den Archipel selbst, der zu Großbritannien gehört.

Der Pinguin meint es ernst, da kann er noch so süß gucken. „Einmalige Einreise, keine Arbeitserlaubnis", sagt er mit spitzem Schnabel – zumindest sieht es so aus. Denn die vermeintliche Sprechblase ist in Wahrheit das offizielle Landessiegel, das Touristen am Flughafen in ihren Reisepass gestempelt bekommen. Neben dem Pinguin beinhaltet es ein Schaf und ein Schiff – Symbole, die untrennbar mit dem Wohlstand der Falklandinseln verbunden sind.

Wer die Pinguine sehen möchte, braucht Geduld. Fast zwei Tage dauert allein die Anreise von Deutschland auf die kargen Inseln, die sich selbst gerne als „Tor zur Antarktis" bezeichnen, in der allgemeinen Wahrnehmung aber hauptsächlich durch den ungelösten Konflikt mit Argentinien aufgefallen sind. Obwohl die Falklandinseln nur 400 Kilometer von der argentinischen Küste entfernt liegen, gehören sie politisch zu Großbritannien – und das soll so bleiben, wie die Bewohner erst kürzlich entschieden haben. Beinahe einstimmig haben sie sich für den Verbleib der Inseln bei Großbritannien ausgesprochen. Der Ausdruck „Kolonie" ist in Südamerika geläufig, und damit ist nicht das größte Königspinguin-Vorkommen der Welt gemeint. Die politischen Spannungen sind der Grund dafür, dass es pro Monat nur einen einzigen Flug aus Buenos Aires gibt. An allen anderen Tagen müssen europäische Besucher zwei Zwischenstopps in Chile mit Übernachtung in Kauf nehmen.

All das gerät schnell in Vergessenheit, wenn man erst einmal da ist. 486 000 Schafe und eine Million Vögel, darunter Tausende Pinguine, scharen sich an einsamen, weißen Stränden, zu denen allenfalls Schotterpisten führen. Zum Vergleich: Etwa 2700 Menschen leben auf den Inseln. Dass Natur und Menschenleere nicht nur Vogelliebhaber anziehen, haben auch die Verwalter der Falklandinseln erkannt. Nach jahrzehntelangem Dornröschenschlaf soll der Fremdenverkehr nun endlich zum Leben erwachen. Schon jetzt heißt es auf der Homepage des Touristen-

büros: „Unsere Einwohner sind geradezu wild darauf, Ihnen die Sehenswürdigkeiten unserer Inseln zu zeigen."

Ganz so weit ist es aber dann doch noch nicht, was schon bei der Ankunft klar wird. Seit der kommerzielle Flughafen im Falklandkrieg 1982 bombardiert wurde, existiert nur noch die Landebahn der britischen Militärbasis. Einmal pro Woche verwandelt sie sich in einen International Airport: Dann landen nicht nur Truppentransporter, sondern auch Touristenjets im militärischen Sperrgebiet. Flankiert von Sicherheitsbeamten, gehen die Reisenden zur Ankunftshalle, wo sie von drei ebenfalls extra angereisten Zollbeamten in Empfang genommen werden.

Die Ankömmlinge lassen sich grob in zwei Gruppen einteilen: diejenigen, die Englisch sprechen, wollen wandern, campen, filmen oder Verwandte besuchen. Die anderen sprechen Spanisch und kommen wegen der Arbeit. In den Hauptwirtschaftszweigen Fischerei und Schafzucht sind die wenigen Falkland-Bewohner auf Fachkräfte aus Südamerika angewiesen.

In die Hauptstadt Stanley, die 2100 Einwohner hat, führt nicht etwa eine Straße, sondern eine von Schlaglöchern durchsiebte Schotterpiste. Es holpert, es rattert, es schaukelt. „No worries!", ruft der Busfahrer, keine Sorge, denn manche Gesichter sind bald so blass wie der aufgewirbelte Staub. Zu sehen ist auch sonst nicht viel: Vorbei an Militär-Jeeps, Bunkern und Tarnnetzen geht es durch karges, subantarktisches Grasland. Überall Gestrüpp und Geröll, kein einziger Baum. Ohne Warnung taucht plötzlich der zweitwichtigste Wirtschaftszweig auf der Fahrbahn auf. Schafwolle ist nach Fisch das gefragteste Exportgut der Inseln. Deshalb haben die Tiere überall Vorfahrt. Bereitwillig machen sie die Piste frei, noch bevor ihnen der heranrückende Bus gefährlich werden kann.

„Als ich das erste Mal hier ankam, fühlte ich mich wie auf dem Mond", kommentiert Tony Mason die Szenerie. Der US-Amerikaner lebt seit acht Monaten auf den Falklands. Er soll sie als neuer – und erster

– Tourismusdirektor fit für den internationalen Markt machen. Kein Handyempfang, Internet nur zu horrenden Preisen – daran musste sich Mason erst gewöhnen. „Aber ich habe schnell gemerkt, wie wunderbar man hier dem Alltag entfliehen kann", sagt er und lenkt das Gespräch auf die Vorzüge der Inseln. Vor allem Tier- und Naturliebhaber, Fotografen, Individual- und Abenteuer-Touristen will er anlocken. Er gibt aber unverblümt zu: „Die Anreise ist noch das größte Abenteuer." So holprig wie der Weg in die Hauptstadt ist die Prozedur der Flugbuchung. Internetportale und Reisebüros in Deutschland bedienen die Falklandinseln nicht. Die meisten Buchungssysteme erkennen nicht einmal den Flughafen, weil die Militärbasis als solcher nicht gelistet ist.

Stattdessen läuft die Buchung über International Tours & Travel, das einzige Reisebüro auf den Falklandinseln. Per E-Mail erklären die Mitarbeiterinnen die Zahlungsmodalitäten, die im Zeitalter des Internetbetrugs sofort die Alarmglocken schrillen lassen. Bevor ein Ticket ausgestellt werden könne, müsse man den kompletten Betrag per Vorkasse auf ein Londoner Konto überweisen. Zahlung per Kreditkarte? „Leider nicht möglich." Nach drei Tagen sind die versprochenen E-Tickets immer noch nicht da. Dafür eine neue E-Mail: Der Preis habe sich zwischenzeitlich leider erhöht, außerdem sollten Kursschwankungen und Bankgebühren berücksichtigt werden. Wie hoch die sind? „Das können wir leider nicht sagen." Im Zweifel solle man etwas mehr überweisen – den Überschuss gebe es dann am Ort zurück. Auf dieses Hickhack angesprochen, bringt Mason nur ein verlegenes Lachen zustande. „Das ist ein echtes Problem." Er arbeite daran, die Falklandinseln in den gängigen Buchungssystemen der Reisebüros zu etablieren. Tatsächlich handle es sich bei International Tours & Travel um ein seriöses Unternehmen. „Aber die Bezahlung per Vorkasse ist zu viel verlangt", räumt Mason ein. „Hier leben eben alle ein bisschen in ihrer eigenen Welt. Es hat wohl niemand daran gedacht, dass so etwas

*Eine Million Vögel scharen sich an einsamen Stränden,
zu denen allenfalls Schotterpisten führen.
Der Mensch ist hier eindeutig in der Minderheit.*

verdächtig wirken könnte." 20 000 Touristen kommen jährlich per Flugzeug auf die Falklandinseln – aus Deutschland waren es 2012 ganze 46.

Das Gros der Touristen, 50 000 pro Jahr, kommt übers Wasser. „Wenn die Kreuzfahrtschiffe anlanden, wollen die Leute etwas geboten kriegen", sagt Sammy Marsh vom Ausflugsunternehmen Sulivan Shipping. Besonders beliebt seien Ausflüge zu den Pinguin-Kolonien oder Rundfahrten zu den Schauplätzen des Falklandkrieges. Weil das Wetter im Minutentakt von Sonne in Regen, Hagel oder Sturm umschwenken kann, fallen die Landgänge jedoch regelmäßig aus. Oder die politischen Wirren machen dem Tourismus einen Strich durch die Rechnung. So drohte Argentinien Anfang des Jahres damit, Kreuzfahrtschiffen die Einfahrt zu verweigern, wenn sie zuvor auf den Falklandinseln haltgemacht haben. „Da überlegen es sich manche natürlich zwei Mal, ob sie uns anlaufen", sagt Marsh.

Ist die strapaziöse Anreise erst einmal geschafft, kommt ein raues, aber angenehm lässiges Reiseziel zum Vorschein.

An fast jedem Haus hängt eine Flagge der Falklandinseln, die außer dem Schaf auch den britischen Union Jack zeigt. „British to the core", britisch bis ins Mark, ist auf zahlreichen Aufklebern zu lesen. Und tatsächlich: Im Pub zapft der Wirt „London Pride", dazu gibt es Fish and Chips. Bezahlt wird in Britischen Pfund oder Falkland-Pfund, dem Insel-Äquivalent. Voller Stolz kultivieren die Insulaner den Linksverkehr, den ihnen nicht einmal die argentinische Armee austreiben konnte. „Nach der Invasion von 1982 malten die Soldaten überall Pfeile auf die Straße", erinnert sich Susan Whitney. Die 63-Jährige führt durch eine Ausstellung zum Falklandkrieg, den sie selbst erlebt hat. „Die haben damals echt gedacht, dass sie uns von der britischen Herrschaft befreien. Dabei wollen wir doch gar nicht befreit werden."

Überhaupt ist die militärische Vergangenheit omnipräsent. Überall Geschütze, Gedenktafeln und Soldatengräber. „Dieses Abenteuerfeeling ist ein Männertraum", sagt Tony Mason. Nur 15 Prozent der Fluggäste seien weiblich. „Wir arbeiten aber daran, dass sich das Verhältnis etwas

verschiebt." Genau wie am Merchandising. Obwohl jede Woche Hunderte Kreuzfahrtpassagiere an Land gehen, fehlte es bisher an Souvenirs. „Wir haben jetzt erst mal eine Ladung Stoff-Pinguine aus China bestellt", sagt Mason. In fünf, vielleicht zehn Jahren stellt er sich die Falklandinseln als richtigen Urlaubsort vor: Fünf-Sterne-Hotels, ein größerer Hafen, regelmäßige Flüge nach Europa, vielleicht sogar eine eigene Airline. Dann hält er kurz inne und lacht: „Das Schöne an unserem Leben hier ist, dass wir nichts übers Knie brechen."

So lange sind Schafe und Pinguine noch in der Mehrheit. „Gehen Sie nicht zu nah ran", warnt der Guide an der Pinguin-Kolonie, als die kleine Gruppe Touristen den regengetränkten Sand betritt. Der Wind peitscht, Magellan-Pinguine spähen aus ihren Bruthöhlen hervor. Die Besucher sind durchnässt und voll Sand, doch das stört an diesem wilden Strand niemanden. Es ist ein Ort, an dem man die Zeit vergessen könnte. Nun ja, nicht ganz: Sobald ein tellergroßes Plastikobjekt auftaucht, ist Vorsicht geboten. Es könnte eine aus dem Boden gespülte Landmine sein.

MIRCO LOMOTH

HÄUPTLING FÜR EIN JAHR

Das Volk der Kuna betreibt seine Inseln in Panamas Karibik
nach einem gerechten Prinzip: Jede Saison darf eine andere Bauernfamilie
herrschen und vom Tourismus profitieren.

*Palmenstrand, Hütte drauf, Hängematte an die Bäume, fertig.
So sehen Urlaubsträume aus. Knapp 400 solcher
Mini-Inseln sind im Besitz der Kuna.*

Die alten Herren haben ihre rosafarbenen Hemden angezogen und schwarze Hüte aufgesetzt, ihre Wangen sind gerötet. Sie trinken Chicha, vergorenes Zuckerrohr, aus breiten Kürbisschalen, jaulen laut auf bei jeder neuen Runde. Das Versammlungshaus von Carti Yandup ist brechend voll, die Ältesten sitzen barfuß auf Holzschemeln, die Jungen stehen, die Frauen halten sich weiter hinten auf, im Halbdunkel sind ihre Molas zu erkennen, die kunstvoll von Hand genähten, bunten Bluseneinsätze. Eligio Pérez thront am Eingang zwischen geschmückten Tonkrügen. Er hat die Chicha zubereitet, den Zuckerrohrsaft mit etwas Kaffee unter der Erde fermentieren lassen. Jetzt berauscht sich das ganze Dorf daran, weil ein Mädchen fünf Jahre alt geworden ist, ein anderes zwölf. „Wir feiern

fünf Tage lang", sagt Eligio. „Die Alten schlafen dabei im Sitzen ein, und wenn jemand Ärger macht, bindet ihn der Aufseher fest."

Carti Yandup ist eine von knapp 400 Inseln im Autonomiegebiet der indigenen Kuna, das sich über mehr als 220 Kilometer an der Karibikküste Panamas bis zur kolumbianischen Grenze erstreckt. Auf Landkarten ist es oft als San Blas verzeichnet, die Kuna selbst nennen es Guna Yala. Sie rebellierten 1925 erfolgreich gegen den damals noch jungen panamaischen Staat, der ihnen ihre Feste verbat und den Frauen die Tracht. Ein Friedensvertrag sicherte ihre kulturelle Eigenständigkeit, ein Gesetz seit 1953 ihr Territorium, das neben den Inseln auch einen Streifen des Festlands umfasst.

Auf der Isla Aguja läuft an diesem Samstag laute Bachata-Musik. Die Insel liegt wie ein

weißer Streifen aus feinem Sand im türkisfarbenen Wasser und gleicht einem Campingplatz in der Hochsaison. Überall stehen Zelte zwischen Kokospalmen, am Strand haben Urlauber Campingstühle, Sonnenschirme und Kühltruhen aufgestellt, sie baden, schnorcheln, spielen Volleyball, trinken Whisky in der prallen Sonne, Grillrauch liegt in der Luft. An die 500 Leute sind heute auf die knapp einen Hektar große Insel gekommen, manche fahren am Abend wieder, viele bleiben über Nacht. An der Bar steht Delfino Davies, er verwaltet die Insel für 20 Kuna-Familien, trägt Baseballmütze, Shorts und Flip-Flops, seine dunkelbraunen Pupillen sind von einem stechend blauen Ring umrahmt. „Es läuft gut", sagt er. Vor elf Jahren haben sie die ersten Hütten für Touristen gebaut, seitdem kommen von Jahr zu Jahr

Früher verbot der panamaische Staat den Kuna-Frauen das Tragen von Tracht. Heute machen sie mit ihren bunten Stickereien ein gutes Geschäft.

mehr Besucher, die Familien teilen sich die Einnahmen. „Es ist jetzt sogar so, dass unsere jungen Leute, die in Panama-Stadt arbeiten, am Wochenende herkommen, um Geld zu verdienen."

Auf rund 50 Inseln der Kuna können Touristen heute übernachten, auf manchen gibt es voll ausgestattete Lodges, auf anderen nur eine Handvoll Cabañas, Hütten, oder etwas Platz für Zelte zwischen Palmen. Man kann die Eilande alle in wenigen Minuten zu Fuß umrunden und braucht oft nur ein paar Meter ins Meer hinauszuschwimmen, um zwischen bunt bevölkerten Korallenriffen zu schnorcheln oder über Sandbänken mit dicken roten Seesternen. Und am Abend lässt man sich von seinen Gastgebern einen frisch gefangenen Red Snapper mit Kokosreis und frittierten Kochbananen zubereiten.

Lange Zeit galt Guna Yala als Geheimtipp unter Rucksackreisenden, die hier für wenig Geld tropische Postkarteninseln fast für sich alleine haben konnten. Doch seit vor gut drei Jahren die Straße zum Hafen von Carti ausgebaut wurde, erleben die Kuna einen Ansturm wie nie zuvor. Die einsamen Inseln gibt es noch immer, aber man muss sie suchen oder zur richtigen Zeit kommen. An einem gewöhnlichen Wochentag verteilen sich nur etwa 100 Touristen auf unterschiedliche Inseln, am Wochenende sind es weitaus mehr.

Auf die Isla Anzuelo etwa haben es nur wenige geschafft. Dario Balderrama sitzt auf Kokosnüssen vor seiner Palmenhütte, er trägt einen Pumazahn an einer Halskette, seine Frau neben ihm einen Adler aus dünnem Goldblech und dicke Wulste bunter Perlenketten an Unterarmen und Waden. Am Festland arbeiten sie als Bauern, ernten Bananen, Reis, Maniok und Mais, hier auf Anzuelo verkaufen sie Bier, Kokosnusswasser und Molas an Touristen und vermieten Hängematten für den Tag. „Wir sind für zwei Monate hier, dann kommen die nächsten", sagt Dario. Insgesamt gehört die Insel 50 Familien aus der Gemeinde Soledad Emilia, aber immer nur zwei sind anwesend, kümmern sich um die Insel und die Touristen und teilen sich die Einnahmen. „Leider dauert es mehrere Jahre, bis wir wieder an der Reihe sind", sagt Dario. „Wir verdienen hier viel mehr als auf dem Festland, und die Kinder lieben es." Sie planschen im flachen Wasser.

Die Kuna haben ihre Inseln schon immer gemeinschaftlich bewirtschaftet, reihum ernten sie die Kokosnüsse und verkaufen sie an kolumbianische Zwischenhändler oder tauschen sie gegen Reis. Die Kokosnuss ist so zu einer Ersatzwährung geworden, und viele Palmeninseln blieben unbesiedelt. Die Menschen leben bis heute auf dem Festland, wo sie ihre Felder und Friedhöfe haben und ihre Toten in Hängematten begraben, oder auf einer der etwa 50 Dorfinseln, Carti Sugdup zum Beispiel. Dort stehen die Häuser dicht an dicht, fast 1000 Menschen wohnen in Hütten aus Rohr und Palmenblattdächern. Sie teilen sich Plumpsklos auf Stegen vor der Insel, unter denen sich bunte Fische im Wasser tummeln. Es gibt einen Gesundheitsposten, ein Schulgebäude und ein paar einzelne Bäume, Frischwasser kommt durch eine Unterwasserleitung vom Festland. Auf der Hauptstraße spielen Kinder auf dem festgetretenen Sand, alte Frauen mit runzligen Gesichtern und Nasenringen nähen Molas, sie bieten sich für ein Foto an, wenn man einen Dollar bezahlt. Am Nachmittag läuft

Das Meer ist klar und ideal zum Tauchen.
Damit das so bleibt,
wird jede touristische Aktivität auf ihre
Umweltverträglichkeit geprüft.

ein kleines Männchen durch die Gassen und bläst ein Horn. Dann holen die Frauen ihre Strauchbesen heraus, es ist Kehrstunde auf Carti Sugdup.

Vor dem Insel-Museum malt Chipu Reyes eine Holzpuppe aus Balsaholz mit roter Farbe an. Er ist ein ruhiger Mann, 72 Jahre alt. Er spricht mit sanfter Stimme über das Inventar der Kuna-Kultur, das sie hier in einem kleinen Raum versammelt haben: alte Molas, Holzpuppen und Stöcke, die Schamanen in ihren Zeremonien zum Rauch der Kakaobohne benutzen, Schädel von gejagten Tapiren und Jaguaren, Gewehre aus der Zeit der Kuna-Revolution, kleine Schalen mit Kräutern und Ästchen. „Das dort ist ein gemahlenes Ameisennest", sagt Chipu Reyes, „damit haben sie sich eingerieben, um hart zu arbeiten, es ist gute Medizin." Doch viele Kuna kennen ihre eigenen Traditionen nicht mehr. Chipu Reyes sagt: „Sie wollen nur noch im Tourismus Geld verdienen, statt ihre Felder zu bestellen, es wird von Jahr zu Jahr mehr."

Der Tourismus in Guna Yala begann, als Anfang der sechziger Jahre die ersten Kreuzfahrtschiffe hielten. Die Passagiere besuchten mit Beibooten die Kuna-Gemeinden im Westen des Archipels, kauften Molas und waren wenige Stunden später wieder verschwunden. Bald darauf kamen die Segler, und es entstanden erste Hotels in der Gegend von El Porvenir, wo es eine Landepiste gibt. Nicht-Kuna investierten, wurden aber bald wieder vertrieben, ihre Hotels konfisziert, neue Investitionen verboten. Heute ist der Tourismus fest in Kuna-Hand. Sie haben Hotels und Cabañas eröffnet, Boote angeschafft und Reiseagenturen gegründet. Der Kuna-Generalkongress, der das Autonomiegebiet der Kuna verwaltet und von drei älteren Herren mit schwarzen Hüten geleitet wird, prüft jede touristische Initiative auf ihre ökologische und kulturelle Verträglichkeit. Mit Hilfe einer Studie wollen die Kuna nun ermitteln, wie viele Besucher jede Insel verträgt. Denn wenn zu viele kommen, reichen die Toiletten oft nicht, auch bleibt viel Müll zurück. In Zukunft wird womöglich ein Inspektor bereits beim Übersetzen vom Festland überprüfen, wie viele Touristen zu welcher Insel fahren wollen. Er könnte dann auch entscheiden, wann es zu viele sind.

Edwin Díaz liegt in seiner Hängematte auf der Aridup-Insel, ein halber Hektar feinen Sandes mit knapp 600 Palmen, die voll hängen mit grünen Kokosnüssen. Wind weht vom Meer heran, lässt die Palmwedel rascheln. Am großen Esstisch neben der Küche versammeln sich die Inselgäste zum Mittagessen, es riecht nach gebratenem Fisch. „Ich bin hier der Häuptling ", sagt Edwin Díaz. Der pensionierte Lehrer verwaltet die Insel seit drei Jahren für seine neun Geschwister und lässt maximal 40 Touristen zu. Früher hat seine Familie auf Aridup nur Kokosnüsse geerntet, durch den Tourismus haben sich die Einnahmen vervielfacht. „Das Geld kommt heute von allein zu uns, zwei meiner Söhne studieren an einer privaten Universität, und bald wollen wir Cabañas auf dem Wasser bauen", sagt er und lächelt zufrieden. Die Wellen klatschen sanft auf den Strand, zwei Fischer in einem Einbaum setzen ein weißes Dreieckssegel, um sich zum Festland treiben zu lassen, es liegt im bläulichen Dunst am Horizont. Edwin lehnt sich in seiner Hängematte zurück, schaut auf seine Insel und sagt: „Es ist ein Geschenk Gottes."

VON JONATHAN FISCHER

DER GANGSTER-GUIDE

In Los Angeles führt ein ehemaliges Gang-Mitglied Touristen durch
Problemviertel wie South Central.

„Das Ghetto hat
nichts Glamouröses",
sagt Alfred Lomas.
Er saß im Gefängnis
und lebte auf der Straße.
Seine Kontakte helfen ihm
heute bei der Arbeit.

Kein Problem, Alfred Lomas auf dem Hotelparkplatz zu erkennen: ein bulliger, untersetzter Typ mit tätowierten Flammen, Frauenkörpern und einem großen „F" auf den Armen. Das F, so wird er später erzählen, steht für seine ehemalige Gang Florencia. „Ich hoffe, mein Auto stört Sie nicht", begrüßt der Tour-Guide seinen Kunden. Ein fester Händedruck. Und eine einladende Bewegung in Richtung eines rostigen Kleinwagens.

Nach der Lektüre der allmorgendlichen Meldungen der Los Angeles Times über die jüngst in Gang-Auseinandersetzungen verletzten oder getöteten Teenager fühlt es sich etwas seltsam an, mit einem ehemaligen Gangster durch diese Viertel zu fahren. „Ich habe eine Vereinbarung mit vier Gangs ausgehandelt, dass sie meine Touristengruppen nicht behelligen", sagt Lomas, sobald der Sicherheitsgurt angelegt ist. Immerhin verzichtet der Betreiber der „LA Gang Tours" – anders als bei seinen monatlichen Bustouren durch die Ghettos – darauf, eine Einverständniserklärung unterschreiben zu lassen, nach der man sich „freiwillig in potenziell lebensgefährliche Situationen begibt".

Dann geht es los, und so gefährlich, denkt man bisweilen, schaut Los Angeles South Central doch gar nicht aus: das Rasengrün zwischen den artig aneinandergereihten Häuschen, die nur wenige Meilen entfernten Wolkenkratzer von Downtown und die Silhouette der Hollywood Hills. Wer South Central aus Hip-Hop-Videos und einschlägigen Filmen wie „Boyz n the Hood", „Colors" oder „Menace II Society" kennt, der könnte Lomas' Führungen durch die No-Go-Areas seiner Stadt womöglich für eine makabre Alternative zu einem Hollywood-Stars-Ausflug halten.

Doch Lomas weist bei der Fahrt auf Gebäude und Zeichen hin, die man sonst wohl übersehen hätte: den weißen, mit Fensterschlitzen bewehrten Hochhauskomplex des größten Gefängnisses von LA, das betonierte Flussbett, in dem

Zwar bieten auch Chicago und Las Vegas Besichtigungen der Schauplätze von Al-Capone-Mafia und Mob an – doch nur Lomas' Tour führt durch Gebiet, in dem heute noch Tag für Tag Kämpfe wüten.

Graffiti-Künstler ihre überdimensionalen Buchstaben hinterlassen haben, einen Park, in dem die berüchtigte Gang MS 13 ihren Ursprung hat. Die ärgsten Slums meidet Lomas. „Das wäre ausbeuterisch, da reinzufahren", meint er.

Zwar bieten auch Chicago und Las Vegas Besichtigungen der Schauplätze von Al-Capone-Mafia und Mob an – doch nur Lomas' Tour führt durch Gebiet, in dem heute noch Tag für Tag Kämpfe wüten. Lomas weiß um die Brisanz seines Unternehmens, deswegen verpflichtet er seine Kunden – darunter viele Lehrer, Sozialarbeiter und Kommunalpolitiker –, die Kameras stecken zu lassen. Auf der Fahrt referiert der 45-Jährige, der heute als Gang-Sozialarbeiter bei einer Kirche angestellt ist, nüchterne Zahlen: 90 000 Gangmitglieder, 20 000 Insassen im LA County Jail und 15 000 Tote in den vergangenen zehn Jahren. „Ich selbst lag schon auf dem Totenbett, war angeschossen und süchtig nach Aggression, Crack und anderen Drogen. Nein, da ist nichts Glamouröses dran."

Lomas' Biographie erinnert an die vieler in South Central aufgewachsener Jugendlicher: mehrere Onkel als Mörder im Knast, die Eltern verarmt und überfordert, der Teenage-Cousin ein Killer. Mit zwölf Jahren besteht Lomas das Aufnahmeritual der Florencia-13-Gang: 13 Sekunden Gruppen-Prügel. Ein Versuch, sich durch eine Verpflichtung bei den Marines dem Gangleben zu entziehen, scheitert. Am Ende nutzt Lomas sein militärisches Training, um im Auftrag der Gangs Drogen-Transfers zu organisieren. Er durchlebt die Paranoia eines Crack- und Methamphetamin-Süchtigen, kommt ins Gefängnis, streift nach seiner Entlassung als Obdachloser durch Downtown, wo ihn Freiwillige der christlichen Hilfsorganisation „Dream Center" aufgabeln. Heute, sagt Lomas, gehe es ihm darum, „der Welt die Wahrheit des tristen Ghetto-Alltags zu zeigen" – zu erklären, warum ein Großteil der schwarzen und Latino-Jugend seiner Stadt ein Leben führe, in dem es darum gehe, zu töten oder getötet zu werden.

Lomas beschäftigt auf seinen Bustouren ein knappes Dutzend Ex-Häftlinge als Guides, darunter Mitglieder der mit seiner ehemaligen Gang verfeindeten Bloods und Crips. Mit den Einnahmen aus den Touren werden die Stellen zum Teil finanziert. Während Lomas' Kleinwagen durch die grauen Industriebrachen von South Central rollt, an der Slauson Avenue leerstehende Lagerhallen und aufgegebene Eisenbahngleise passiert, erinnert sich der Ex-Gangster an seine Kindheit: „Diese Straße hier war die Grenze zu den weißen Vierteln. Niemand überquerte sie. Und wer es doch wagte, wurde garantiert von der Polizei verprügelt." Ebenso gefährlich wie die Rassenschranken sei das Labyrinth unsichtbarer Gebietsgrenzen zwischen den Gangterritorien. Lomas deutet auf eine Gruppe Teenager, die am Metallzaun einer der barackenähnlichen Sozialsiedlungen lehnen: „Sehen Sie die roten Käppis? Hier residiert die Bloods-Gang – und du kommst besser nicht mit

Was hier fehlt, sind Perspektiven.
Die Gangs haben das Sagen.
Wer eine falsche Straße überquert, riskiert,
verprügelt zu werden.

einem blauen Tuch, wie die Crips es tragen, um die Ecke." Oder mit einer Kamera. Fotografieren ist während der Tour nur an ausgewählten Orten möglich. Und Gangmitglieder sind auf jeden Fall tabu.

Abseits seines Jobs als Tour-Guide fungiert Lomas als Vermittler. Er hat einen Waffenstillstand zwischen seiner ehemaligen Florencia-Gang und der 18th Street Gang auf den Weg gebracht, arbeitet an der Einrichtung eines Boxclubs im ansonsten verwahrlosten South Central, fährt im Auftrag seiner Kirche mit einem Truck voller gespendeter Lebensmittel durch die Sozialsiedlungen. Ohne diesen Hintergrund wären die Gangland-Touren kaum möglich: „Ich gehöre zu den wenigen", sagt Lomas, „die sich ungehindert sowohl in Latino- als auch in afroamerikanischen Gang-Territorien bewegen können. Die Jugendlichen respektieren mich – weil fast jeder von ihnen eine Mutter, Tante oder Oma hat, die von mir mit Lebensmitteln versorgt wird."

Mitten in Watts biegt Lomas in eine Sozialsiedlung ein: Die einstöckigen, durchnummerierten Baracken mit den vergitterten Fenstern und den Überwachungskameras an den Wänden erinnern an eine Justizvollzugseinrichtung. „Wir leben die ganze Zeit wie im Gefängnis", sagt Scorpio, der hier auf einem Parkplatz auf uns wartet. Der 42-jährige Gangveteran hat mehr als die Hälfte seines Lebens im Gefängnis verbracht. Er hat gedealt, geraubt und von seiner Waffe Gebrauch gemacht. Aus Mangel an Alternativen, wie er sagt. Die nächste Mall, das nächste Restaurant, der nächste Arbeitsplatz sind weit entfernt, die lokalen Schulen eine Katastrophe. Heute arbeitet Scorpio als Lehrer in einer privaten Schulinitiative, die Aussteigern und Problem-Jugendlichen zu einem Abschluss verhelfen soll. „Die Eltern hier", erzählt er, während ein Polizeihubschrauber im Tiefflug kreist, „haben kein Geld für Privatschulen. Und wer seine Kinder auf eine Highschool in ein anderes Viertel schickt, riskiert, dass sie von feindlichen Gangs angegriffen werden." Politische Rezepte liefert auch Tour-Guide Lomas nicht. Und doch liegt am Ende eine unausgesprochene Frage in der Luft: Warum nur investieren die ame-rikanischen Steuerzahler jährlich mehrere Milliarden Dollar dafür, dass Polizei und Justiz gegen die Banden vorgehen, während Ghetto-Lehrer wie Scorpio oder Sozialarbeiter wie Lomas auf Spenden angewiesen sind?

En passant deutet Lomas auf Straßenschilder: Grape Street, Slauson Avenue, Compton. Straßenzüge, die von Gangster-Rappern gerne als Ausweis der eigenen Authentizität zitiert werden und heldenhafte Kulissen-Vorlagen für Computerspiele wie „Grand Theft Auto" abgeben. An den realen Schauplätzen dagegen verliert sich die Ghetto-Romantik schnell: Ab und zu kurbelt Lomas sein Fenster herunter, ruft ein paar Bekannten auf der Veranda ein „What's up?" zu. Erkundigt sich nach Neuigkeiten. Und bekommt ein paar Nachrufe in Steckbriefform. An einer Ampel nähern sich zwei junge schwarze Mädchen dem Beifahrerfenster. Jede trägt einen großen Korb mit dem Foto eines jungen Mannes dran. „Wie heißt er?", fragt Lomas. „Wann ist er gestorben?" Dann wirft er ein paar Dollarscheine in den Sammelbehälter – „für seine Beerdigung".

VON ACHIM ZONS

ZWEI SEITEN EINES FLUSSES

Eine Reise auf dem Mekong erschließt die Schönheit von Laos,
aber auch seine Widersprüchlichkeit.

Vom Schiff aus betrachtet, zieht das Land wie in einem Film vorüber: alles eingerahmt von einer immergrünen Landschaft und sanft geschwungenen Bergen.

Den Touristen fehlt es an nichts in ihrem schwimmenden Haus.
Für Einheimische ist Luxus keine Kategorie,
mit der sie etwas anfangen können.

Angesichts der Größe des Universums könnte es gleichgültig sein, was sie hier tun. Aber sie tun es tatsächlich, diese jungen Kerle, auch wenn sich der Verstand weigert, zu begreifen, was da geschieht. Sie nehmen den kleinen Flügelknochen oder den Kopf einfach zwischen Daumen und Zeigefinger und drücken zu. So haben sie es von ihren Eltern gelernt und die von ihren Großeltern. Was sollte daran falsch sein?

Onh drückt seinen Zeigefinger leicht auf den Daumen, vermutlich hat er den Druck gespeichert, mit dem man die Tiere verletzen oder töten kann. Was Onh Chanpasirt sagt, passt gar nicht zu seinem weichen, ebenmäßigen Gesicht und den warmen Augen, aber was passt schon in einem Land, in dem alle Fragen auch existenzielle Fragen

sind. Die Natur ist dazu da, sie zu unterwerfen, die Menschen leben von ihr. Und das Überleben des einen bedeutet eben manchmal auch den Tod eines anderen Lebewesens, so einfach ist das.

Onh sitzt auf der Steinmauer neben der Treppe, die hinaufführt auf den Phou Si, den heiligen Berg Luang Prabangs, und wenn man von unten, vom Königspalast, hinaufschauen würde, sähe man den 27-Jährigen in seinem blauen T-Shirt in einem farbenprächtigen Blütenmeer sitzen. Das Blütenmeer gehört zu einer Gruppe von Frauen, die Blumenkränze an Gläubige verkaufen für den Tempel Chom Si oben auf dem 130 Meter hohen Gipfel. Aber ins Auge fallen vor allem diese vielen bunten, geflochtenen Käfige, in denen jeweils zwei Vögelchen eingesperrt sitzen. Schwarzgrau, lebhaft, unscheinbar.

Doch gerade das sind sie nicht. Die Vögel, die sie Nokpits nennen, sind vielmehr ein Symbol der Liebe und des Mitleids: Wer sie kauft, will ihnen die Freiheit schenken.

Hier am Heiligen Berg bedeutet das viel, besonders für die Buddhisten mit ihrer Gewissheit, heute Vorsorge treffen zu müssen für das nächste, wiedergeborene Leben. Und so weiß jeder, der Mitleid hat und den gefangenen Tieren für 40 000 Kip die Freiheit zurückgibt, dass er mehr für sich tut, als er hier und jetzt einzuschätzen vermag. Also kommen immer wieder Menschen, vor allem Touristen, und kaufen diese kleinen Gefängnisinsassen, öffnen ein paar Meter weiter unter den Bäumen vorsichtig die geflochtenen Streben der Käfige und sehen ergriffen zu, wie die kleinen Tiere erleichtert davonhüpfen. Es gibt wohl kaum etwas,

Buddhisten haben die Gewissheit, heute Vorsorge
treffen zu müssen für das nächste, wiedergeborene Leben:
junge Novizen beim Wäschewaschen am Mekong.

was so perfekt allen Seiten Glück bringt. Schon gar nicht, wenn das Glück umgerechnet nur vier Euro kostet.

So viel kann man also schon sagen: Luang Prabang nicht zu besuchen, wäre ein Fehler gewesen. Die einstige Königsstadt zwischen den Flüssen Nam Khan und Mekong, die beide hier zusammenfinden, liegt tief in den laotischen Bergen. Sie ist ein Ereignis, das Zentrum des laotischen Buddhismus, und es ist kein Zufall, dass auf dieser kleinen Stadt der Segen des Weltkulturerbes liegt. Sie ist wunderschön, besonders gegen Abend, wenn es geregnet hat, gerade überall die Lichter angehen und man am Ufer des Mekongs sitzt. Dann sieht es so aus, als rückten die bewaldeten Bergrücken bis ganz dicht an das Grün des Dschungels am anderen Flussufer heran.

Hierhergekommen sind wir über den Wasserweg, mit der Mekong Star, einem Schiff, auf dem man auch schlafen und das Land wie in einem Film an sich vorbeiziehen lassen kann. Es ist die erste Etappe einer Reise durch Laos, die uns von Norden nach Süden bis an die kambodschanische Grenze führen soll.

Nach nur wenigen Tagen ist unverkennbar, warum dieses Laos so anders ist als die umliegenden Länder: längst nicht so prosperierend, aber dafür sehr viel ursprünglicher als Vietnam, der Nachbar im Osten. Es ist nicht so fortschrittlich und modern wie Thailand, der Nachbar im Westen. Und erst recht nicht so reich, machtvoll und gnadenlos in seinem wirtschaftlichen Egoismus wie China im Nordosten. Das, was Laos ausmacht, lässt sich vielleicht so zusammenfassen: eine wunderbare Natur, eine unfassbare Geschichte und ein grauenhaftes Trauma, das entstanden ist durch die Qualen, die die Amerikaner den Menschen hier während des Vietnamkriegs zugefügt haben durch das jahrelange Bombardement, durch das Verstümmeln und Töten Hunderttausender. Und verwunderlich ist dabei wohl nur eines: Dass sie, die Opfer, das alles den Tätern von einst verziehen haben.

Yang, unser Führer, ist gut vorbereitet, als wir ihn nach weiteren Fakten fragen. Sein Land, das nur rund sieben Millionen Einwohner zählt, gehöre zu den ärmsten Ländern der Welt, sagt er, doch es habe sich bereits einiges zum Guten gewandelt. Studien bestätigen das: Die durchschnittliche Lebenserwartung stieg auf 55 Jahre. Das Jahreseinkommen hat sich in den

zurückliegenden 25 Jahren verdoppelt, es beträgt heute im Durchschnitt rund 350 Euro im Jahr. Unbefriedigend sei eigentlich nur die medizinische Versorgung, sagt Yang, es fehle an Ärzten, besonders auf dem Land, an Hospitälern, an Medikamenten, weshalb die Kindersterblichkeit überaus hoch ist. Laut jüngsten Statistiken sterben 80 von 1000 Kindern in den ersten fünf Lebensjahren.

Die Sonne steht senkrecht am Himmel, als Phong, der Erste Mechaniker, die schmale Eisenleiter hinunterklettert in den dunklen Bauch des Schiffs. Eine kaum zu ertragende Hitze schlägt einem entgegen. Die Eingeweide des Schiffskörpers sind kein Ort, den man zum Vergnügen aufsuchen würde. Zwischen den Generatoren, den beiden Hauptantriebsmotoren und den Abluftrohren ist so wenig Platz, dass man sich kaum umdrehen kann,

der gesamte Raum ist nur etwas mehr als 20 Quadratmeter groß.

Der Lärm ist ohrenbetäubend, noch lauter wäre es, wenn das Schiff fahren würde. Dieselgeruch, Dämpfe, Ölreste. Man kann nur gebückt stehen, bis zur Decke sind es lediglich 1,50 Meter. Es ist die Hölle. Stolz richtet sich der Mechaniker Phong aus der Hocke auf und sagt, dass er diesen Ort liebe. Das hier sei das Herz des Schiffs, für ihn das Leben.

Phong heißt eigentlich Khamphong, ist 45 Jahre alt und hat vier Kinder, zwei von ihnen studieren. Er liebt diesen Job auf dem Schiff wohl auch, weil er mehr verdient, als er in einer der Tausenden Mopedwerkstätten als Mechaniker verdienen könnte, mehr als doppelt so viel, rund 200 Dollar monatlich. Einmal, vor zwei Jahren, erzählt er, gab es oben an Deck einen Auflauf, die gesamte Besatzung war herbeigeeilt: Auf dem Tisch des Restaurants stand eine Flasche Veuve

Clicquot, die ein Gast in einem Duty Free Shop gekauft hatte für unglaublich viel Geld. Luxus ist in diesem Land keine Kategorie, mit der sie was anfangen können.

Phong geht wieder in die Hocke und versucht, an der Kühlung des Motors etwas zu reparieren. Die Hitze, die Enge und der Lärm sind nur auszuhalten, wenn man sich auf etwas konzentriert, das außerhalb dieses Maschinenraums liegt. Gut, dass ich die kleinen Vögel befreit habe. Falls hier unten etwas schiefgehen würde, könnte das fürs nächste Leben Pluspunkte geben. Onh, dieser junge Mann mit dem sanften Gesicht, konnte sich noch gut daran erinnern, wie er den geschickten Umgang mit den Vögeln von seinem Großvater gelernt hatte. Da es sehr mühsam ist, diese Tiere zu fangen, behalfen sie sich mit einem Trick, damit die Nokpits nach der Befreiung nicht so ohne Weiteres davonfliegen. Die Jungen nehmen

Buddhafiguren überblicken den Strom in den Höhlen von Pak Ou.
Spirituelle Stätten wie diese gehören zu den beliebtesten
Sightseeing-Zielen. Manchmal lassen sich
die Besucher dort zu merkwürdigen Dingen hinreißen.

schen Grenze, des größten Wasserfalls Asiens; wegen des angenehmsten Klimas, das sich ein Europäer vorstellen kann; wegen der lebhaften Hauptstadt Vientiane; wegen des Mekongs, des längsten Flusses Südostasiens, der allein in Laos rund 2000 Kilometer lang Reisfelder und Teakholzwälder durchströmt. Lauter Attraktionen, die auch die beiden französischen Entdecker Ernest Doudart de Lagrée und Francis Garnier angelockt haben dürften, vor rund 150 Jahren. Mit unterschiedlichem Erfolg übrigens, denn Lagrée hat von seinen Abenteuern zu Hause in Paris nichts mehr erzählen können.

Normalerweise sehen die Boote auf dem Mekong alle ähnlich aus: langgestreckt, schmal, offen, nur zwei Sitze nebeneinander, aus Bambus mit einem einfachen Tuk-Tuk-Motor. Vorne eine lange, in die Höhe ragende Stange, die durchgeht bis knapp über den Grund des Flusses und so die Tiefe des Gewässers anzeigt. Zittert sie oder schrappt sie über das Flussbett, ist Vorsicht geboten. Bei der Mekong Star ist doppelt Vorsicht geboten. Wenn sie auf einer Sandbank stecken bliebe, würden auch inbrünstigste Gebete nicht mehr helfen. Die Mekong Star wirkt inmitten all dieser schmalen Boote wie ein riesiges, schwimmendes Haus. Dick, breit und vor allem schwer.

Am besten zieht man einen Stuhl vor die Brüstung und schaut sich den unglaublichen Film auf der riesigen Leinwand des Landes an: Gemüse anbauende Menschen; Büffel, die Pflüge durch Reisfelder ziehen und danach immer wieder bis zu den Nüstern tief im Schlamm der Hitze entfliehen. Untermalt wird das vom lauten Krähen der Hähne und von schweren Schlägen dröhnender Trommeln, die aus einem vorbeigleitenden Wat herüberklingen. Alles eingerahmt von einer immergrünen Landschaft vor der Silhouette auf- und absteigender Bergrücken, die am Horizont den Ausblick begrenzen.

So ungefähr muss auch das Bild gewesen sein, das Lagrée und Garnier auf ihrer Expedition in sich aufnehmen konnten, allerdings fuhren die beiden flussaufwärts Richtung China. Sie waren die Ersten, die den Verlauf des Mekongs kartographieren woll-

ten. Ihr Ziel: die Menschen am Mekong zu missionieren und eine durchgehende Passage von Vietnam bis nach China zu finden. Sie scheiterten. Noch heute kann man mit keinem größeren Schiff die gesamte Strecke befahren. Für Lagrée endete die Expedition 1868 tödlich. Malaria, Dengue-Fieber und Ruhr hatten ihn so geschwächt, dass er kurz hinter der chinesischen Grenze starb.

Die Natur ist einfach nicht gerecht. Gerechtigkeit hieße Gleichgewicht, hieße Frieden, aber das Leben ist immer ein ungleichgewichtiger Zustand. Eigentlich könnte der Umgang mit den Nokpits, diesen kleinen Vögeln, doch das perfekte Beispiel abgeben für ein Land wie Laos. Einerseits gewährt die autokratische Regierung in Vientiane, gestützt durch ein Einparteiensystem, den Einwohnern mehr Freiheit, lässt Privatwirtschaft zu, lässt die Menschen glücklicher werden, um Laos begehrenswert zu machen für Ausländer und ihre Investitionen. Doch andererseits fürchtet die Laotische Revolutionäre Volkspartei nichts mehr als den Machtverlust – und deshalb bricht sie den Menschen die Flügel, indem sie so manche westliche Errungenschaft wie zum Beispiel Diskotheken versagt und Schmuggel und Korruption nicht energisch genug entgegentritt.

Es gibt immer ein Einerseits und ein Andererseits, besonders in Ländern wie diesem. Manchmal kann man das Richtige tun und das Falsche bewirken. Und manchmal kann man das Falsche tun und das Richtige bewirken. Das Problem ist meist, dass man nicht alles überblickt. Onh Chanpasirt, der junge Mann mit dem blauen T-Shirt, der mit Daumen und Zeigefinger erklärt hat, was sie mit diesen kleinen Vögeln machen, hat am Ende in Luang Prabang noch gesagt, dass diese Tiere eigentlich Ungeziefer seien. Schädlinge. Feinde. Eine einzige Plage. Sie raubten Reiskörner und seien deshalb so wenig wert wie Ratten. Deshalb hätten sie kein Problem damit, diese Tiere zu töten.

Und dann strich er sich eine braune Strähne aus seinem hübschen Gesicht und sagte unschuldig: Ist es nicht großartig, mit einer perfekten Idee aus Ungeziefer Geld zu machen?

die Flügel der Tiere zwischen Daumen und Zeigefinger und drücken zu. Natürlich kommen die Vögel mit ihren gebrochenen Flügeln nicht weit. Und während der Tourist am heiligen Berg erlöst die 328 Stufen zum Gipfel des Phou Si hinaufzeht, fangen die jungen Kerle die hilflos herumhüpfenden Tiere wieder ein. Es ist offenbar kaum etwas so falsch wie die Befreiung dieser Vögel.

Und doch scheint das Land eindeutig auf dem richtigen Weg zu sein, das beweisen auch die stetig wachsenden Touristenzahlen. Sie kommen natürlich wegen der einzigartigen Kultur und Natur des Landes, wegen Luang Prabang, wegen der freundlichen und liebenswürdigen Menschen, denen Anmaßung und Streit fremd zu sein scheinen; wegen der Tempelanlage Wat Phou in Südlaos, der archäologischen Attraktion neben der Ebene der Tonkrüge im Norden; wegen Khong Phapheng an der kambodschani-

VON DOMINIK PRANTL

SPIEGEL DER SCHOTTEN

Im Whisky, so heißt es, lasse sich die raue Landschaft schmecken.
Viel mehr aber erzählt das Getränk über seine Erzeuger.

So landet man also in Schottland, und durch den Kopf ziehen noch einmal all die schönen Sätze, die in der Heimat über Whisky zu hören sind. In Deutschland reden gerade viele Menschen sehr gerne über Whisky, vorneweg die Leute der Spirituosenindustrie. Und was wird darüber nicht alles erzählt! Jeder schottische Whisky stehe stellvertretend für die Region, der er entstammt, spiegele mit seinem einzigartigen Charakter gewissermaßen die Landschaften und deren Menschen wider. Oder war es umgekehrt?

HEIMAT

Im Kern ist Whisky nichts anderes als ein uraltes Produkt aus Wasser, Gerste, Hefe und viel Zeit. Und auch wenn noch nicht ganz geklärt ist, ob sich Schottland nun als Geburtsort des Whiskys bezeichnen darf, so gilt es zumindest als seine Heimat. Sie ist die wichtigste Zutat, das sollte niemand unterschätzen. Denn das hochprozentige Getränk verkauft sich nicht über den technischen Dreisatz von Rohstoff, Prozess, Reife, sondern über den Mantel aus Legenden, Assoziationen und Lebensgefühl. Ian Murray verkörpert ein solches Gefühl.

Murray hat vor einiger Zeit die Anteile seines Liftunternehmens verkauft und sich damit abgekoppelt von der Hektik. Und wer heute mit ihm zum 1155 Meter hohen Lochnagar wandert, den überkommt ein unerwartetes Gefühl: Neid. Murray machte sich als Wanderführer selbständig und schreibt Bücher über die östlichen Highlands, die Cairngorm Mountains. Er widmet sich jetzt seiner Heimat. Menschen auf dem Weg begrüßt er nicht einfach nur, er sagt beispielsweise: „Schön, zwei fröhliche, lachende Gesichter zu sehen."

In der nach dem Berg benannten Destillerie Royal Lochnagar unten im Tal haben sie tags zuvor viel über das Aroma ihres Whiskys erzählt. Der Geschmack ging ein wenig unter zwischen all den Erklärungen von kräftig und doch geschmeidig. Murray, dieser Kerl mit der Statur eines ehemaligen Rugbyspielers, hat mit Whisky viel weni-

Das hochprozentige Getränk verkauft sich nicht über den technischen Dreisatz von Rohstoff, Prozess, Reife, sondern über den Mantel aus Legenden, Assoziationen und Lebensgefühl.

ger am Hut, als das von einem schottischen Schriftsteller zu erwarten wäre. Aber er hat seine Berge und die grandiose Eigenart, sie nicht erklären zu wollen. Er lässt sie einfach wirken. Ruhig lenkt er seinen Jeep die schmale Asphaltstraße talauswärts, der Fluss beschreibt seine Kurven wie für eine Whisky-Reklame, kraftvoll und geschmeidig. Murray, der manngewordene Highland-Whisky, hört Johnny Cash.

MYTHOS

An die Highlands grenzt die Region Speyside an, oder besser: Sie fällt ab bis zur Ostküste. Es ist das Herz der schottischen Whiskyindustrie, und durch das Herz führt der Fluss namens Spey. Wer auf dem karamellfarbenen Wasser eine Kanutour unternimmt, sieht Bäume, Felsen, Hügel und hin und wieder ein viktorianisches Haus. In jeder größeren der vor Steinbauten strotzenden Ortschaften befindet sich eine Destillerie. Jede davon weist gerne auf ihre Eigenheiten hin, die speziellen Maischebottiche, Gärbottiche, Brennblasen, ob der Whisky in ehemaligen Sherry- oder Bourbonfässern gelagert wird. Das alles ergebe am Ende das Gesamtkunstwerk. Ungefähr so, wie Bäume, Flüsse, Hügel, Steinhausdörfer eine Region ergeben. Viele der Produktionsstätten bieten Führungen an. Besucher lernen den Herstellungsprozess ihres milden und süßlichen Whiskys kennen: mälzen, brauen, brennen, lagern. Überall läuft das so, ob bei Glenfiddich, Glenfarclas oder Aberlour. Seit Jahrhunderten.

Der Waliser Graham Harvey hat noch einen Arbeitsschritt hinzugefügt: Kochen. Harvey war Ingenieur bei der Royal Air Force in Gütersloh, zwölf Jahre lang. Auch viele Whiskysorten werden exakt zwölf Jahre im Fass gelagert. Bei Harvey reifte in dieser Zeit der Gedanke, sich als Koch selbständig zu machen. Inzwischen hat der Autodidakt gemeinsam mit seiner Frau ein Kochbuch über Whisky geschrieben, sein Restaurant Craggan Mill gehört zum Pflichtprogramm jeder Whiskyreise. Harvey kann stundenlang über Whisky

*Auf die Zutaten und das Mikroklima komme es an, behaupten
die Hersteller, aber auch auf das Holz beim Lagern – etwa in
ehemaligen Sherry- oder Bourbonfässern.*

reden. Der Stoff sei schließlich ein „unendliches Warenlager an Zutaten", und er selbst nennt sich einen Experimentierer.

Er serviert Single Malts. Den schweren von der Insel Islay zum Rind, die süßen der Umgebung zur Nachspeise. Single Malts sind Whiskys, die aus einer Brennerei kommen, also nicht verschnitten sind, und nur mit Gerste gebrannt werden und nicht mit Mais, wie etwa die amerikanischen Bourbons. Auchentoshan Three Wood, Bowmore 16 Jahre, Oban Destillers Edition – der Experimentierer trägt die Whiskys im Rhythmus der vier Gänge heran. Anschließend nährt er den Mythos: „Klar haben die Whiskys aus jeder Region ihren eigenen Charakter. Alleine das Wasser, das Mikroklima", sagt Harvey. Aber das Wichtigste seien die Fässer: „95 Prozent des Geschmacks kommt vom Holz beim Lagern."

LEGENDEN

Darf man das überhaupt? Darf man so großartige Landschaften wie jene Schottlands und deren noch viel großartigere Menschen mit einem hochprozentigen Getränk vergleichen?

Man darf das, es ist wahrscheinlich sogar erwünscht, jedenfalls bei einem wie Iain McArthur. Auf der Insel Islay geboren, begann er vor 41 Jahren bei Lagavulin, einer Whiskybrennerei in Port Ellen. Er ist dort heute der „Warehouseman", der Lagermeister, und wie sein Arbeitgeber inzwischen selbst eine Marke. „Ihr könnt mich auf Youtube sehen", ruft er seinen Besuchern zur Begrüßung entgegen. Es gibt kein besseres Aushängeschild für einen Whisky-Hersteller als Iain McArthur: Er hat Charme, ist selbst kaum größer als ein

Whiskyfass und wirkt authentischer als jeder Manager, wenn er sagt: „Wir können die Traditionen nicht ändern."

Traditionen sind wichtig für den Whisky, und auf Islay hat sich ihre Pflege besonders ausgezahlt. Die raue Insel an der Westküste ist berühmt für ihre rauchigen, mit Inseltorf gemälzten Whiskys. Port Ellen, Laphroaig, Caol Ila sind nur einige Marken, die inzwischen jeder gut sortierte Supermarkt führt. Es heißt, man schmecke die Seeluft in ihnen. Obwohl der Nachgeschmack an eine gut abgehangene Speckschwarte erinnert, schießen die Produktionszahlen in die Höhe. Mark Campbell, Geschäftsführer bei Laphroaig, sagt einen Satz wie aus dem Handbuch für Whiskyverkäufer: „In unserem Whisky stecken all die Emotionen. Er ist wie ein Wintermorgen auf Islay." Die Zuhörer nicken bereitwillig, weil die fünfte

In jeder größeren Ortschaft steht eine Destillerie.
Jede weist auf ihre Eigenheiten hin – die Realität der Produktion
ist dann aber doch eher unromantisch.

Whiskyprobe tatsächlich den Schleier eines nebligen Novembermorgens übers Gehirn legt. Klar, Wintermorgen, Emotionen, toll! Und dann fährt man ein paar Meilen weiter zu Mark Reynier.

ERNÜCHTERUNG

Mark Reynier, Geschäftsführer der Bruichladdich-Destillerie, trägt eine blaue Windjacke mit der Aufschrift „Progressive Hebridean Distiller". Es wird recht schnell klar, dass er nicht zum Träumer, Traditionalisten und Mythenbauer taugt. Irgendwann im Laufe des Gesprächs sagt er: „Glaubt bloß nicht den ganzen Bullshit, den man euch über Whisky erzählt." Assoziationen wie Wintermorgen, Seeluft und Berge, alles schön und gut. Aber eines ruft Mark Reynier in Erinnerung: „Wenn Sie

einen Schnaps aus Birnen machen, nach was schmeckt der dann wohl? Oh, welche Überraschung, nach Birne." Oder anders ausgedrückt: Whisky besteht noch immer aus Gerste.

Für Reynier ist der Spiegel der Landschaft eine rosarote Brille: „Man kann schottischen Whisky theoretisch überall auf der Welt produzieren. In vielen Destillerien auf Islay ist doch nicht mehr viel von der Insel drin." Selbst Bruichladdich mit einem relativ bescheidenen Produktionsvolumen von 750 000 Litern pro Jahr könne nur 50 Prozent der Gerste von der Insel beziehen. Der Rest komme vom schottischen Festland. Ganz andere Mengen produziert da Caol Ila mit jährlich mehr als sechs Millionen Litern. Das meiste davon wandert mit den Produkten anderer Hersteller in Blends, Whisky-Verschnitte. Und

nicht nur Lagavulin muss Fässer schon aus Platzgründen auf dem Festland lagern.

Denn auch die Whiskyindustrie ist Teil der Globalisierung, das Dogma heißt Kostensenkung. Dann zählt Reynier die Länder auf, deren Unternehmen sich als Eigner in die anderen Desytillerien auf Islay einmischen: Frankreich, Niederlande, Japan, Trinidad, Indien, USA. „Nur wir sind noch schottisch!" Die Angestellten von Bruichladdich sind sogar am Unternehmen beteiligt. Paradoxerweise setzt der schottischste aller Islay-Whiskys auf ein ganz anderes Marketing. Die Flaschenform wirkt jugendlicher, die Verpackung ist schon mal progressiv babyblau.

Aber nicht einmal Reynier würde verneinen, dass jeder Whisky des Landes eine ganz besondere Seele hat. Er wird nämlich immer noch von Schotten gemacht.

VON NAOMI CONRAD

AUF DEM DIWAN

Couch-Surfing in Kurdistan:
Wer bei Privatleuten im Norden des Iraks
zu Gast ist, kann sich auf einige Überraschungen
gefasst machen.

Die Zitadelle mit der Statue des Religionsgründers Zarathustra in Erbil. Viele Einheimische sehnen sich nach westlicher Offenheit.

Der Grenzübergang Ibrahim Khalil ist modern und ungewöhnlich gemütlich. Es ist zwei Uhr morgens, und ein Mann serviert süßen Tee und Sesamgebäck auf einem Silbertablett. Der Grenzbeamte ist zu professionell, um sein Erstaunen über die beiden Touristinnen zu zeigen, die von der Südosttürkei in den Nordirak einreisen wollen. „In welchem Hotel werden Sie wohnen?" Sein Englisch ist perfekt. „Nein, kein Hotel. Wir wohnen bei Freunden." Ihm zu erklären, dass es nicht wirklich Freunde sind, sondern Menschen, die über die Internetseite couchsurfing.org Fremden einen Schlafplatz anbieten, wäre um zwei Uhr morgens zu anstrengend. „Welcome to Kurdistan!" Er stempelt ein Touristenvisum in den Pass, das nicht für den ganzen Irak, sondern nur für die Autonome Region Kurdistan gültig ist. Hier ist die Sicherheitslage vergleichsweise gut, was auch daran liegt, dass hier fast nur Kurden wohnen und es somit keine Konflikte mit anderen Ethnien gibt. Das Auswärtige Amt nimmt diese Region mit der Hauptstadt Erbil und den Städten Dohuk und Sulaimaniyya ausdrücklich von der Reisewarnung für den Irak aus.

Die Autonome Region Kurdistan ist allerdings nur ein Teil Kurdistans, eines Siedlungsgebiets, das Teile der Türkei, Syriens, Iraks und Irans umfasst. Aber nur hier im Nordirak haben die Kurden eine richtige Autonomie. Diese rührt aus den neunziger Jahren her, als die UN hier eine Flugverbotszone einrichteten und den Menschen damit Schutz vor Saddam Husseins Bomben gewährten. Die Autonomie ist durch die neue irakische Verfassung garantiert, ein kurdisches Parlament wurde 2005 gewählt.

Das Couchsurfen in Kurdistan beginnt in einer Luxuswohnung in Dohuk, zwei Taxistunden südlich der Grenze. Etwa 100 Couchsurfer gibt es im Irak, also Menschen, die ihre Betten oder Sofas zur unentgeltlichen Übernachtung im Internet anbieten, um Bekanntschaften mit Ausländern zu machen. Fast alle leben in Kurdistan, in Bagdad gibt es niemanden. Viele sind selbst Ausländer. So wie Stephen Roberts, ein Eng-

lischlehrer aus Liverpool. Er ist ein wenig frustriert. Wenn er in seiner etwas kitschig mit falschem Marmor ausstaffierten Wohnung von seinem Leben hier erzählt, merkt man: So hat er sich das große Abenteuer nicht vorgestellt. Dohuk sei konservativ, sagt er, die drei anderen Ausländer, die er kenne und mit denen er gelegentlich ein Bier in der Wohnung trinke, lebten alle im selben Haus.

Der Empfang am kommenden Tag in Dohuk ist eher unfreundlich. Das liegt aber nicht an den Menschen, sondern an einem Sandsturm. Frauen mit Kopftuch und Männer mit Turban verschwimmen zu schwarzen Silhouetten. Die Geschäfte im Basar, in denen Männer bunte Stoffbahnen, Plastikschmuck und BHs verkaufen, schließen. In einem noch offenen Laden interessiert man sich sehr für die beiden Ausländerinnen, die eigentlich nur ein Glas Saft wollen, dann Nüsse, Baklava und einen großen Teller Reis mit Gulasch geschenkt bekommen. „Seid ihr deutsch? Braucht ihr Hilfe?" Ein Kurde aus München, der seine Familie besucht, kommt in den Laden. Die Gastfreundschaft ist ehrlich gemeint und herzlich. Nach dem Essen möchte jeder noch ein Foto mit uns machen.

In die Hauptstadt Erbil, etwa 150 Kilometer südöstlich von Dohuk gelegen, fahren wir im Sammeltaxi – und das unerwartet bequem. Da es keine Überlandbusse gibt, haben Unternehmer ein Taxisystem aufgebaut, das in der ganzen Region aus ziemlich neuen Mercedes-Limousinen besteht. Die Straßen zwischen den Großstädten haben türkische Bauunternehmen tadellos asphaltiert.

Über Erbil schweben die Baukräne, Ölschwaden mischen sich mit den Abgasen der vielen Autos. Mazen Mansour, 34, und sein Cousin, die nächsten Couchsurfing-Gastgeber, sind Libanesen und teilen sich eine große Wohnung in einer der teuersten Wohngegenden. Sie reden abfällig von Kurdistan, man merkt, sie sind hier, um schnell Geld zu machen. Die Kurden, sagt Mazen, seien faul, wollten nicht arbeiten. Überhaupt sei Kurdisch doch gar keine Sprache. Dass es in Kurdistan zwei

Sprachen – eine im Norden, eine im Süden – gibt, weiß er nicht. So wie die beiden Cousins sind viele Ausländer in die wachsende Regions-Hauptstadt gezogen, arbeiten für internationale Organisationen oder im Import-Export-Geschäft. Abends gehen sie in die riesige Shopping-Mall mit 8000 Geschäften. Dort gibt es auch Fünf-Sterne-Hotels und Bars.

Am Eingang hängt dann oft ein dezentes Schild, das die Besucher darauf hinweist, doch bitte ihre Schusswaffen auszuhändigen. Man fühlt sich dennoch als Tourist nicht unsicher, zumal die Leute sehr freundlich sind. In Erbil gibt es auch tatsächlich Sehenswürdigkeiten: etwa die alte Zitadelle, die schon seit 8000 Jahren bewohnt ist. Auf einem Hügel gelegen und von hohen Mauern umgeben, wirkt sie wie eine Stadt über der Stadt. Assyrer, Seleukiden und Osmanen haben hier oben schon gelebt, zurzeit wohnt nur noch eine einzige Familie hier. Die Zitadelle wird gerade renoviert. Deshalb wurden die irakischen Flüchtlinge ausquartiert, die aus Bagdad oder Kirkuk hierher geflüchtet sind. Sie haben eine Geisterstadt aus alten Lehmhütten und verwaisten Garagen zurückgelassen, dazwischen stehen ein kleines Textilmuseum mit bunten Teppichen und ein Souvenirshop, der eine verstaubte Sammlung von Münzen verkauft, die noch unter Saddam Hussein geprägt wurden.

Im Mercedes-Sammeltaxi geht es weiter Richtung Süden, nach Sulaimaniyya. Die Sitznachbarin, eine behäbige, verschleierte Frau, redet unentwegt auf Kurdisch auf uns ein. Wir nicken höflich. Sulaimaniyya war schon während des Osmanischen Reiches eine Universitätsstadt, die American University of Iraq baut gerade einen neuen Campus. Prunkvillen mit kitschigen, goldverzierten Türmchen entstehen entlang der Hauptstraße.

Auch Sulaimaniyya ist konservativ. Wer nicht verheiratet ist, der wohnt bei seinen Eltern, so wie Zhino Kurshed Qadir, der keine Couch anbietet, sondern gleich zwei Zimmer bei seinem Bruder und dessen Familie. Die Gäste bekommen das Kinderzim-

*Seltener Besuch: Normalerweise bleiben
die Männer in den Shisha-Cafés unter sich.
Entsprechend neugierig sind sie
der Autorin (links oben) gegenüber.*

mer; die Familie zieht sich ins Wohnzimmer zurück. Nein, das geht so nicht, wir wollten doch nicht die Familie verscheuchen! „Wieso?", fragt Zhino erstaunt. „Das ist doch selbstverständlich." Man merkt, der 30-jährige Anwalt sehnt sich nach europäischer Offenheit. Selbst im teuren Viertel mit den Bars und Shisha-Cafés sitzen kaum Frauen, Männer sind meist unter sich. Zhinos Freunde sind schüchtern den Ausländerinnen gegenüber, trauen sich kaum, Fragen zu stellen. „Meine erste Freundin war Amerikanerin, durch sie habe ich gelernt, offen für Neues zu sein", sagt Zhino. Wie er sie kennengelernt hat? „Natürlich übers Internet." Getroffen hat er sie in den vier Jahren allerdings nie. Er versteht das Erstaunen nicht. In Kurdistan sei das normal, eine virtuelle Freundin zu haben. Richtige, außereheliche Beziehungen seien in vielen Familien undenkbar.

Zhino nimmt sich einen Tag frei, um seine beiden neuen Freundinnen auf der Hamilton Road in Richtung iranische Grenze zu fahren. Die Straße windet sich spektakulär durch die Berge. Sein Freund Karwan, der kaum Englisch spricht, ist davon

nicht so begeistert: Ob man nicht lieber an den Dukan-See fahren sollte für ein Picknick? Nein, die schöne, jetzt im Frühling sattgrüne Berglandschaft mit den vielen Seen und Bächen ist verlockender. Bis hinter dem Bekha-Wasserfall geht das auch gut. Der Wasserfall ist umgeben von Souvenirständen, die Plastikrevolver, pinkfarbene Perücken und gekochte Bohnen verkaufen. Nach dem Wasserfall werden die Dörfer kleiner, Lehmhütten und kleine Moscheen ziehen sich am Straßenrand entlang. Familien, die direkt an steilen Abhang im grünen Gras picknicken, Jungs, die Ziegenherden vor sich her treiben oder in der Sonne dösen. Irgendwo in den Bergen mit den schneeweißen Kuppen versteckt sich die kurdische Guerillagruppe PKK, die gegen die Türkei kämpft.

Die Wolkendecke reißt auf, die Sonne scheint, das Verdeck ist offen, Zhino hat die Musik laut aufgedreht. Bis zum Checkpoint. Zwei Soldaten mit Kalaschnikows befehlen uns: „Folgen!" Es geht zu einem grauen Gebäude, das der Sicherheitspolizei gehört. Zhino flucht, sein Freund schwitzt. Im Zimmer des Polizeichefs läuft ein Fern-

seher, irgendeine türkische Serie. Die zwei Soldaten sitzen mit ihren Kalaschnikows im Schoß auf einem Sofa, wir Ausländerinnen auf dem anderen, Zhino und sein Freund uns gegenüber. Die Männer diskutieren.

Plötzlich fangen alle an zu lachen, die Polizisten klopfen Zhino auf die Schulter, servieren Tee und begleiten den Besuch zur Tür. „Ich habe mich als dein Verlobter ausgegeben", erklärt Zhino im Auto. „Hab' gesagt, wir heiraten bald, und du bist mit deiner Cousine hier, um meine Eltern kennenzulernen." Alle darauffolgenden Checkpoints bereiten keine Probleme. Und es gibt viele Checkpoints in Kurdistan.

Zurück am Grenzübergang Ibrahim Khalil stauen sich die Lastwagen in beide Richtungen, es kann Stunden dauern. Bei der Ausreise gibt es keinen Tee, dafür werden die Ausländerinnen an der wartenden Autoschlange vorbeigeführt. Es beschwert sich keiner, im Gegenteil. Noch zum Abschied rufen sie: „Welcome to Kurdistan." Auf der türkischen Seite will der Grenzbeamte nicht so recht glauben, dass Touristinnen nach Kurdistan reisen. „Aber warum?", fragt er, „Kurden gibt es doch auch bei uns."

VON MARCO MAURER

DAS WEISSE RAUSCHEN

Erst „aanetze", dann „ache gumpen":
Die Berner lieben ihren Fluss, die Aare.
Wer sich im türkisen Wasser durch die Stadt treiben lässt,
kann sie verstehen.

*Kenner des Flusses steigen erst
am Nachmittag hinein,
wenn ihn die Sonne erwärmt hat.
Der Ursprung der Aare
ist ein Gletscher.*

Die Berner teilen eine große Liebe, es ist aber nicht die Zuneigung zu einem Mann oder einer Frau, sondern zu einem Fluss: der Aare. Sie ist Sommer für Sommer die Ader allen Lebens in der Schweizer Bundesstadt. Die Aare ist Bern, und man kann getrost sagen: Kennt man die Aare nicht, ist einem auch Bern fremd. An ihren Ufern essen und spazieren die Leute, sie treiben Sport, und nicht wenige verloben sich. Das innigste Verhältnis haben die Berner allerdings mit ihrer Aare, wenn sie sich in ihr treiben lassen, weswegen sie dieser Beschäftigung sogar eine eigene Redewendung widmen: „Chum mir gö ga ne Aareschwumm nä", lass uns in der Aare schwimmen gehen.

Unter den Aarebegeisterten gibt es auch Aare-Experten, regelrechte Aarenauten. Einer von ihnen ist Willi Hess. Er ist 68 Jahre alt und lässt sich seit mehr als 40 Jahren zweimal täglich in der Aare treiben. Die Badesaison fängt für ihn im März an, frühestens im November geht sie zu Ende. Er war also schon mindestens 20 800-mal in der Aare. Man glaubt, jeden dieser Tage an seiner sonnengegerbten Haut und dem schulterlangen, ausgeblichenen Haar ablesen zu können.

Sein täglicher Schwumm beginnt im Marzilibad. Das Marzili, erbaut 1782, ist das größte Flussbad der Schweiz. An heißen Sommertagen breiten hier bis zu 13 000 Gäste ihre Strandtücher aus. Eines davon gehört Willi Hess. Der ehemalige naturwissenschaftliche Zeichner trifft meist gegen drei Uhr nachmittags ein, zur besten Zeit für ein Bad in der Aare, denn dann ist sie von der Sonne aufgeheizt, sofern man das bei einem Fluss sagen kann, der etwa 100 Kilometer entfernt an den Eisströmen des Aaregletschers entspringt. Etwa um 15.02 Uhr sperrt Willi – nach 40 Jahren hat er seine Rituale – die immer gleiche Kabine mit der Nummer 171 auf, zieht sich um und steckt sich je zwei indische Bidi-Zigaretten, die Packung 2,60 Franken, hinter die Ohren. Er verstaut 20 Franken und ein Feuerzeug in der Badehose. Kurz darauf geht er flussaufwärts, um sich dann abwärts treiben zu

lassen. Gehen gehört zum Aareschwimmen wie langsames Reden zu Bern.

An sonnigen Tagen gleicht das einem Gänsemarsch. Dicke, Dünne, Junge, Alte, Schöne, Hässliche, Reiche, Arme – alle pilgern sie die Aare entlang. Bekleidet nur mit Badehose oder Bikini. Es gibt viele, die aus diesem Grund nicht in der Aare baden gehen – weil sie zwei Kilometer lang ihren Körper ungeschützt präsentieren müssten. Willi Hess weiß davon, sagt aber nur: „Die Aare macht alle gleich." Er zeigt an diesem warmen Sommertag – 25 Grad Luft-, 17,9 Grad Wassertemperatur, leichter Wind – sein sanftes Stadtindianerlächeln. Dann erzählt er von einer Heldentat. Einmal sei er hinter einer spanischen Familie geschwommen. Den Vater habe ein Strudel gepackt, er tauchte längere Zeit nicht auf. „Wenn man den Wirbel richtig trifft, rupft er recht", sagt Willi. Die Aare lasse einen aber immer wieder los; das habe der Spanier nur nicht gewusst und sei in Panik geraten. Willi hat ihn herausgezogen. „Ich habe noch nie so einen bleichen Spanier gesehen", sagt er und raucht die letzte seiner vier Bidis. Jahr für Jahr gibt es Menschen, die den Fluss unterschätzen, sich in seinen Strudeln verlie-

ren und ertrinken. „Man muss vor der Aare keine Angst haben", sagt Willi, „sie tut nicht weh. Sie erschreckt einen höchstens."

An einer unauffälligen Stelle hält er plötzlich. Schritt für Schritt taucht er in die Aare ein, wird sanft von ihr mitgenommen. Man spürt das kalte Wasser an den Zehen, geht weiter und muss in kurzen Intervallen ein- und ausatmen. Der Puls steigt. Das Herz pocht schnell. Willi schwimmt in die Mitte. Hier ist die Aare tief, es gibt keine hereinragenden Äste, keine Wirbel. Bald denkt man nicht mehr viel, lässt sich nur treiben. Die Ohren sind leicht auf Tauchstation und lauschen dem Sound der Aare. Sie knistert, sie flirrt. Ein heller, steter Klang. Die Strömung der Aare schleift Kiesel mit sich. Sie, die Abschmirgelungen Schweizer Berge, schlendern den Grund der Aare ab, stoßen aneinander und erzeugen das, was Willi als „weißes Rauschen" bezeichnet und dem Aareschwumm etwas Transzendentales verleiht.

Die Aare sitzt dabei am Steuer, man fühlt sich chauffiert wie ein Beifahrer, während die Landschaft vorbeizieht: das dicht bewachsene Ufer, die Flamingos des Tierparks Dälhölzli, der 1906 errichtete Schönausteg, das Bundeshaus, dazu der türkis-milchige Schimmer der Aare, ihr weiches Wasser. „Durch sie nehme ich die Welt anders wahr", sagt Willi, „wenn ich gehe, klopft jeder Schritt im Körper. In der Aare schwebe ich." Nach zehn Minuten kriecht man im Marzili wieder an Land, verlässt die Aare, ohne dass sie den Körper verlässt. „Sie hat etwas Reinigendes", findet Willi. Die Kälte hält die Haut in Spannung, jeden Muskel spürt man. Die Gedanken ruhen.

Aber die Aare macht auch hungrig, weswegen es sich lohnt, vom Marzili ins Lorrainebad zu gehen. Dort gibt es die besten Pommes der Stadt. Das Lorraine ist das zweite große Berner Stadtbad – und kostet wie das Marzili keinen Eintritt. Der Schweizer Franken ist nicht nur gut zu seinen Bankiers, sondern auch zu den Badegästen. Auf dem Weg ins Lorrainebad sieht man Jugendliche, die Gummiboote klarmachen, um sich darin vier Stunden

*Zur Sicherheit benetzen sich die Aareliebhaber,
bevor sie schwimmen gehen. Es möchte ja niemand ein
„Gfrörni", einen Kälteschock, riskieren.*

lang bis zum Wohlensee treiben zu lassen. Sie steigen auf der Höhe der Altstadt, am Schwellenmätteli ein. Dort macht die Aare einen Knick, die berühmte Aareschleife, die einmal um Bern führt. Am Wegesrand stehen Turnschuhe. Ihre Besitzer schwimmen in der Aare. Angst vor Dieben scheinen die Berner nicht zu haben. Oder sie nehmen einen wasserdichten Beutel mit, in dem ihr Hab und Gut steckt. Manche lassen sich sogar zur Arbeit treiben, Anzug und Krawatte fürs Büro sicher verpackt.

Im Jahr 2009 war in Bern ein Forscherteam aus Boston zu Besuch. Das Projekt hieß „urban swimming". Zuvor war die Gruppe quer durch Europa gereist, nach Berlin, Barcelona, Venedig, Rom, Amsterdam und Prag. Dabei kam heraus, dass Bern die Stadt ist, die ihren Fluss am stärksten in die Stadtkultur einbindet, weswegen nun der Bostoner Charles River nach Berner Vorbild schwimmtauglich gemacht werden soll.

Auch Kaspar Allensbach hat über die Aare geforscht. Den 27-jährigen Berner trifft man häufig am Altenbergsteg an; von dort legt er die acht Schwimm-Minuten zum Lorrainebad zurück. Allensbachs Credo lautet: „Ein Sommertag ohne einen Aareschwumm ist ein verlorener Tag." Dann „gumpet är ache": springt vom Steggeländer drei Meter in die Tiefe und gibt vorher den Rat, erst aareaufwärts zu blicken, um niemandem auf dem Kopf zu landen. Allensbach ist Gestalter, seine Abschlussarbeit an der Uni Bern ist die Seite aareschwumm.ch. Ihr wichtigster Hinweis ist das „Aanetze", das Benetzen mit Wasser, bevor es hineingeht, um den Körper an die Temperatur zu gewöhnen und keinen „Gfrörni", sprich Kälteschock, zu bekommen.

Die Strecke zwischen Altenbergsteg und Lorraine ist, weil fern des Marzili-Trubels, die geruhsamere der Aareschwumm-Adern. Auch der Fluss selbst fließt langsamer, mäandert vor sich hin, ist so, wie Bern ist: ruhig, langsam, gemütlich. Im Lorraine angekommen, einem alternativen Strandbad mit Graffiti an den Wänden, hält man es leider nicht lange aus. Man möchte wieder in die Aare. Am besten alleine, die Königsdisziplin des Aareschwumms.

Kurze Zeit später pocht das Herz wieder. Man hört den Soundtrack der Aare, lauscht auf sein Innerstes, sieht den blauen Himmel, schwebt – und fühlt sich wie ein echter Berner.

VON BIRGIT LUTZ

EISKALT AUF TOUR

Das Camp Barneo nahe am Nordpol ist für vier Wochen im Jahr
ein skurriler Treff für Abenteurer und Forscher.

Pol-Reisenden schlägt ein eiskalter Wind entgegen.
Er verwandelt die 30 Grad unter null in gefühlte 65 Grad.
Die Begeisterung der Entdecker kann er jedoch nicht bremsen.

D er Morgen ist am härtesten. Der Schlafsack ist rund um die Atemöffnung steif gefroren, mit einer weißen Eisschicht überzogen. Am Zeltdach glitzern Kristalle. Wenn sich der in dünnes Fleece gehüllte Polarreisende aus dem Daunenberg schält, stürzt sich die Kälte auf ihn wie ein hungriger Wolf. 29 Grad unter null bieten nur ein kurzes schmerzloses Zeitfenster. Jede Faser des Körpers schreit nach Schutz. Schnell muss es gehen: Als Erstes die Handschuhe überziehen. Mit zitternden Fingern die Düse des Benzinkochers öffnen. Kerosin über den Brenner fließen lassen. Das wundervolle Geräusch eines zündenden Streichholzes erzeugt einen Pawlowschen Reflex: die unbändige Freude darauf, dass der Körper Hilfe bekommt, wenigstens kurz-

zeitig nicht mehr die einzige Wärmequelle in einer Wüste aus Eis ist.

Die blaue Flamme schafft es: Die Kälte weicht hinter die gelbe Zeltwand zurück. Doch jeder Windstoß erinnert daran, dass sie dort wartet, bissig und gefährlich. Und der Wind ist hart an diesem Morgen, nördlich des 89. Breitengrads. 15 Meter pro Sekunde. Auf der Haut verwandelt er die 29 Grad minus in etwa 65 Grad unter null. Er lässt die Augen tränen und die Wimpern vereisen. Man überlegt sich gut, welche Körperpartien man diesem Wind aussetzt.

Heutzutage mag vieles einfacher sein für Menschen, die sich in polare Regionen begeben. Flugzeuge, Hubschrauber, Satellitentelefone und Navigationsgeräte sind die modernen Hilfsmittel, mit denen die Arktis erobert wird – niemand muss mehr

wie die früheren Entdecker monatelang festgefroren im driftenden Eis ausharren, bei dem verzweifelten Versuch, den Pol zu erreichen. Der Mensch hat auch diese Distanz bezwingbar gemacht. Doch der Kälte wird er sich trotz allen Komforts permanent stellen müssen, auch wenn sich das Klima erwärmt - was Expeditionen über das Meereis wiederum vor neue, große Schwierigkeiten stellt.

In Barneo trifft man Menschen wie Thomas Ulrich, den Schweizer Abenteurer, der Gruppen über den letzten Breitengrad zum Nordpol führt. Er hat schon weitaus Größeres hinter sich: 2007 marschierte er vom Nordpol bis zur russischen Inselgruppe Franz-Josef-Land, mehr als 1000 Kilometer weit, 100 Tage lang. Dafür wurde er vom National Geographic Magazine

Guten Morgen, Nordpol! Dunkel wird es nicht am 89. Breitengrad,
wo sich die Forschungsstation befindet. Gegen die Kälte schützen die dünne
Zeltwand und ein dicker Schlafsack.

zum Abenteurer des Jahres gekürt. Das Jahr zuvor allerdings war er weniger erfolgreich. Alleine wollte er vom russischen Festland über den Nordpol nach Kanada ziehen. 1800 Kilometer sind das. Noch keinem Menschen ist das alleine gelungen.

Derlei Unternehmungen starten vom Russischen Kap, dem nördlichsten Punkt des Sewernaja-Semlja-Archipels. Und dort ist auch eine der schwierigsten Passagen solcher Expeditionen, denn durch die transglobale Meeresströmung wird das Eis vom Kap ständig fortgetragen. Ulrich geriet nach wenigen Tagen in ernsthafte Schwierigkeiten und musste um Evakuierung bitten. Er wandte sich an den wohl einzigen Menschen, den man in so einer Situation rufen kann: den Russen Victor Boyarsky. Der chronisch gut gelaunte 57-Jährige hat

Das Camp besteht aus einem Dutzend geräumigen Zelten, daneben eine Landebahn, gerade mal 800 Meter lang. Mitten im weißen Nichts. Etwa vier Wochen pro Jahr steht Barneo auf dem gefrorenen Polarmeer.

zwei Jahrzehnte als Wissenschaftler im Eis gearbeitet, hat Grönland, Arktis und Antarktis in Expeditionen durchquert und danach die Agentur Vicaar gegründet, die Expeditionen und verschiedenste Projekte in Arktis und Antarktis organisiert.

Thomas Ulrichs Rettung gestaltete sich als äußerst schwierig, weil die nächsten Hubschrauber 1400 Kilometer entfernt waren. Es dauerte allein Tage, bis sie die Küste erreicht hatten. Tage, in denen Ulrich einsam auf einer brechenden Scholle ausharrte. „Es war dann wirklich der letzte Moment", erzählt Boyarsky. Die Rettung gelang in James-Bond-Manier: Der Hubschrauber konnte nicht mehr landen, da fast kein Eis mehr übrig war, und Ulrich sprang in den schwebenden Helikopter. „Ich will es trotzdem noch mal versuchen",

Stunde um Stunde marschieren die Wanderer auf Skiern.
Sie sind einsam. Und sie haben es schwer. Das Eis ist nicht etwa glatt,
sondern teils meterhoch aufgehäuft.

sagt er im Messezelt Barneos. „Ich will das einfach machen, weil ich weiß, dass ich das kann." 2015 soll es so weit sein. Die Vorbereitungen für solche Expeditionen sind langwierig und kostenintensiv. Viel Zeit verschlingt allein die Sponsorensuche.

Barneo ist einer der wohl skurrilsten Plätze der Welt: Ein Treffpunkt für Menschen wie Ulrich, die eine seltsame Faszination für Eis und Kälte gepackt hat, die sie sich selbst nicht ganz erklären können. Gleichzeitig ist Barneo aber auch eine Forschungsstation. Das temporäre Eiscamp besteht aus einem Dutzend geräumigen Zelten, daneben eine Landebahn, gerade mal 800 Meter lang. Mitten im weißen Nichts. Etwa vier Wochen pro Jahr steht Barneo auf dem gefrorenen Polarmeer. Jeden Tag fliegen Hubschrauber aus dem

Manche Touristen stellen sich nicht auf Ski, sondern steigen direkt in die Hubschrauber um und fliegen weiter zum Pol. Um Champagner zu trinken. Sie zahlen Unsummen für diesen Moment.

Camp gen Norden und setzen Teams wie das von Ulrich aus.

Barneos Geburtsstunde liegt noch in Zeiten der Sowjetunion, als das staatliche Interesse an Drifteisstationen groß war. Als es in den neunziger Jahren nachließ, begannen Boyarsky und sein Partner Alexander Orlov vom Arktischen und Antarktischen Expeditionszentrum Center Polus, ihr Wissen, wie man derartige Stationen baut, kommerziell zu nutzen. Zudem wollten sie Wissenschaftlern die Möglichkeit geben, weiterhin im driftenden Eis zu arbeiten. Center Polus hat zum Beispiel die derzeit in der Arktis driftende Station NP-35 realisiert.

Ausgerechnet die Kälte hätte die aktuelle Barneo-Saison beinahe verhindert: Am 25. März sitzt Boyarsky im Ausrüstungslager neben dem Flughafen in Longyearbyen auf der norwegischen Inselgruppe Spitzbergen. Er diskutiert gestenreich mit Orlov. 1350 Kilometer nördlich von Longyearbyen, wo Barneo entstehen soll, haben die beiden einen Traktor per Fallschirm abwerfen lassen. Die Maschine soll eine Landebahn in der zerfurchten Eisoberfläche ebnen, damit zwei gecharterte Antonow-Transportflugzeuge erst die Ausrüstung für das komplette Camp und dann die Gäste auf das Eis bringen können. Doch die Temperatur ist auf 42 Grad unter null gefallen. Und der Traktor streikt. Zum dritten Mal. Bereits zweimal haben Flugzeuge Ersatzteile abgeworfen. Jetzt beschließen Boyarsky und Orlov eine spektakuläre Aktion: Sie fliegen 400 Kilometer weit nach Norden, mit einem MI-8-Hubschrauber. Ihnen entgegen kommen zwei Helikopter aus Barneo, einer davon nur mit Treibstoff beladen. Mitten im Eis treffen sich die Hubschrauber und tauschen neue Ersatzteile aus. Solche Aktionen sind gefährlich – und teuer. Eine arktische Hubschrauberstunde kostet 11 000 Euro. Ein Flug ins Eis mit einer Antonow etwa 90 000 Euro. Und deswegen kostet eine Skitour, bei der man vom 89. Breitengrad zum Pol geht und dort wieder abgeholt wird, um die 20 000 Euro. Manche Touristen stellen sich nicht auf Ski, sondern steigen direkt in die Hubschrauber um und fliegen weiter zum Pol. Um Champagner zu trinken. Sie zahlen Unsummen für diesen Moment.

Ob das nicht alles völlig wahnsinnig sei, fragt man Boyarsky, all dieser Aufwand, nur so zum Spaß? Boyarsky schüttelt den Kopf. Er hat sein ganzes Leben in entlegenen Gebieten zugebracht, angefangen in der russischen Station Vostok in der Antarktis. Er hat dort komplizierte Projekte umgesetzt und deshalb ein anderes Verhältnis zu Flugkilometern und dem Wort „Aufwand". Dass der Poltourismus viele Kritiker hat, viel mehr als Billig- und Massentourismus in anderen Gebieten, sieht Boyarsky gelassen. „Die Arktis ist ein im Wortsinn wundervolles Gebiet. Manche Menschen begreifen nicht, was wir hier tun. Andere packt, sobald sie einmal im Eis waren, dieselbe Faszination und Liebe zu dieser Umgebung wie uns. Diese Menschen

Der russische Forscher sagt: „Die Arktis ist ein wundervolles Gebiet. Manche Menschen begreifen nicht, was wir hier tun. Andere packt im Eis dieselbe Faszination wie uns."

nehmen von hier sehr viel mit. Sie führen hinterher ein anderes Leben."

Daneben dürfe man die Forschung nicht vergessen, sagt Boyarsky. Aus aller Welt nutzen Polarforscher die Infrastruktur Barneos, Wissenschaftler aus Russland, den USA, Frankreich und Kanada kommen jedes Jahr hierher, auch aus Deutschland waren schon mehrmals Wissenschaftler in Barneo. Forschung in der Arktis ist durch die aufwendige Logistik teuer und kompliziert. „Wenn es die Touristen nicht gäbe, gäbe es auch die Forschung nicht, weil kein Institut der Welt diese Station selbst finanzieren könnte", sagt Boyarsky.

Barneo ist also vieles auf einmal, ein Höhepunkt der Dekadenz, ein verschrobener Ort für Abenteurer, eine intelligente Art, Forschung zu finanzieren – und der jährlich wiederkehrende Beweis, dass der Nordpol selbstverständlich russisch ist. Darüber besteht hier nicht der Hauch eines Zweifels, und das nicht erst, seit auf dem Meeresboden 4500 Meter tiefer eine russische Flagge angebracht wurde.

Was man aus dem Camp auf jeden Fall mitnimmt, ist die Wärme, die das russische Team inmitten der Kälte verbreitet. Wer sich in das Zelt der Piloten verirrt, darf mit ihnen aus einer runden Pfanne Makkaroni löffeln, muss aber auch ab und zu einen großen Schluck Wodka nehmen und lernt, was „nur noch ein ganz Kleiner" auf Russisch heißt. In dem engen Zelt, in dem ein russischer Ofen aus dem Jahr 1981 vor sich hinbollert, zeigen die Piloten dann Bilder ihrer Familien. Die meisten von ihnen kommen aus Norilsk in Nordsibirien. Sie sprechen kaum Englisch, aber irgendwie versteht man doch, dass Sergej bereits seit sieben Jahren nach Barneo kommt, dass schon sein Großvater und Vater Piloten waren und dass auch sein Sohn wieder einer ist. Zwischen den mit vielen Gesten gestellten Fragen hält man immer wieder dick mit Butter bestrichenes Gebäck oder Streifen gefrorenen Fischs in der Hand, weil man nach Ansicht der stämmigen Männer nicht genügend Fleisch auf den Rippen hat, um in der arktischen Kälte zu überleben.

*Obwohl die Sonne immer auf gleicher Höhe am Horizont steht,
ändert sich das Licht ständig. Im Zelt liegt eine Signalpistole zum Schutz gegen
allzu neugierige Eisbären bereit.*

Denn die Piloten fliegen einen schließlich noch weiter nach Norden, immer weiter über nichts als Eis. Bei der Landung heulen die Rotoren des Hubschraubers, und es wirbeln Millionen glitzernder Pulverschneekristalle in die Luft. Mit einem hohlen Krachen landen die Schlitten aus dem Heck des Helikopters auf dem Eis. Die Tourengeher springen hinterher, werfen sich über ihr Gepäck, ein kurzes Winken. Dann sind die Skifahrer allein. Und marschieren Stunde um Stunde Richtung Pol. Über meterhohe Aufwürfe im Eis. Durch ein Licht, das wohl ein weiterer Grund ist, warum es manche Menschen immer wieder dorthin zieht. Obwohl die Sonne rund um die Uhr fast in gleicher Höhe über dem Horizont hängt, ändert sich das Licht ständig. Mal ist es klar, dünn und silbern, das

Weiß des Schnees blendet in den Augen. Mal ist es blau, wenn unter dem Schnee das Eis durchschimmert. Und wenig später scheint es dick und golden, wenn die Sonne hinter einem Dunstschleier verschwindet.

Am Abend im Expeditionszelt liegt die Signalpistole immer griffbereit. Sie soll im Notfall Eisbären vertreiben. Man sehnt sich nach dem reichhaltigen Borschtsch der Piloten, als selbst der abgehärtete Boyarsky beim Blick in den Essensnapf mit Trockenfleisch sagt: „Wenn ich das aufesse, fange ich an zu bellen."

Warum wollen Menschen scheinbar endlos über ein zugefrorenes Meer marschieren? Einer von ihnen ist der Ecuadorianer José Jijon. Er war auf den höchsten Gipfeln eines jeden Kontinents. Als letzte

Herausforderung wollte er zum Nordpol, dafür verkaufte er sogar sein Motorrad – alles für dieses eine Erlebnis. Aber die starke Drift in südlicher Richtung macht Jijon einen Strich durch die Rechnung. Die Strecke, die er und sein Führer tagsüber auf den Pol zumarschieren, driften sie in der Nacht wieder zurück. Eine Sisyphos-Wanderung.

Jijons Führer berichtet Boyarsky bei dem abendlichen Pflichtanruf aller Guides per Satellitentelefon, dass sein Kunde mit der Kälte nicht zurechtkäme. Am dritten Tag will José Jijon aufgeben. Boyarsky weigert sich. „Wo kämen wir hin, wenn wir alle abholen würden, nur weil sie keine Lust mehr haben", sagt er. „Das gehört dazu – man muss sich hier manchmal auch durchbeißen. Das ist die Arktis."

VON STEFAN WIMMER

NEKTAR DER GÖTTER

In den Kneipen von Mexiko-Stadt fließt neuerdings
wieder der Agavenwein Pulque.
500 Jahre lang wurde sein Genuss bekämpft.

Pulque ist Knochenarbeit. Arbeiter schaben
die Herzen der Pflanzen frei, saugen
den Saft heraus und transportieren ihn auf
Maultieren zu den Lagerhäusern.

Es geht wild zu in der dreistöckigen Großraum-Pulquería Los Insurgentes: An den Tresen stehen Hunderte Männer mit Aztekentattoos und kippen sich große Humpen einer zähen Flüssigkeit hinter die Binde, aus der Jukebox dröhnt der Schnulzenkönig Juan Gabriel – und die hübschen Mädchen in ihren Uni-T-Shirts bechern tüchtig mit. Die Stimmung erinnert ans Oktoberfest, doch statt Bier wird literweise ein weißes Etwas aus den Bottichen gezapft.

„Pulque, das ist fermentierte Revolution", sagt der Schriftsteller Carlos Rentería und nimmt einen tiefen Schluck aus seinem Glas. „Ein Getränk, so explosiv wie unberechenbar. Durch Pulque finden wir zu unseren mexikanischen Wurzeln, die der Neokolonialismus fast untergraben hätte." Und die Inbrunst, mit der Carlos Rentería und seine Zechkumpane am Humpen schlürfen, lässt darauf schließen, dass die gemeinsame Wurzelsuche heute noch etwas länger dauern wird.

Los Insurgentes, die Aufständischen, ist nur eine der vier neu eröffneten Kneipen in Mexiko-Stadt, die sich der Wiederentdeckung von Pulque verschrieben haben – des uralten indianischen Agavenweins, einst Mexikos Nationalgetränk. „Früher nannte man Pulque ‚das weiße Gold'", fährt Rentería fort, „weil sein Handel mehr Gewinn abwarf als Erdöl." Zu diesen Zeiten habe es in jeder Straße drei proppenvolle Pulquerías gegeben. „Und selbst Politiker und Präsidenten huldigten dem Agaven-Rausch." Dass das einstige Getränk Nr. 1 heute immer noch ein Schattendasein fristet, liegt an der speziellen Geschichte von Pulque: Gegen kein alkoholisches Getränk wurde so lange Krieg geführt wie gegen den indianischen Agavenwein, 500 Jahre Ächtung und Diffamierung.

Unter den Azteken galt der alkoholische Agavensaft als „Nektar der Götter" – ausschließlich reserviert für Fürsten, Kriegsveteranen und medizinische Notfälle. Dann kamen die Spanier, die das Ritualgetränk für einen diabolischen, antichristli-

chen Sud hielten. „Dieses Pulque, das sie da trinken", klagte der spanische Vizekönig Marquéz de Casa Fuerte, „ist der Ursprung aller nur vorstellbaren Exzesse, Sakrilege, Morde und Frevel." Und sein Kollege, der Kolonialverwalter Juan Ortiz, sekundierte: „Da sie rohe und pflichtvergessene Indios sind, schütten sie den ganzen Tag Agavenwein in sich hinein und geben sich danach völlig der Sünde hin!" Verbote hin, Brandbriefe her, der Pulque-Konsum eroberte ganz Mexiko – und die Kolonialherren mussten mitansehen, wie in den Dörfern und Städten immer mehr Stehausschänke öffneten, in denen das Volk zechte.

Nach den Spaniern versuchten die mexikanischen Revolutionsgeneräle, dem Konsum Einhalt zu gebieten, und in ihrem Gefolge die Sozialreformer, Temperenzler und Volksbeauftragten. Selbst im fernen Europa klagte die Kommunisten-Zeitung AIZ, dass das mexikanische Proletariat in den Pulquerías wie in „Kerkern des Elends" schmachte. Sonderbarerweise waren es ausgerechnet die mexikanischen Marxisten, die das umkämpfte Gebräu verteidigten: Diego Rivera hielt es „für die erste Pflicht eines jeden Kommunisten, in Pulque-Kneipen zu gehen – aber nur in absolut authentische!"

Doch wie hat man sich so eine unverfälschte Pulquería vorzustellen? Der Ex-Boxer, Rausschmeißer und langjährige Wirt Pifas Leyva gibt Auskunft: „Die Pulquerías, in denen ich von Kindheit an als

Gläserwäscher gearbeitet habe, waren alle sehr primitiv. Kleine, schmucklose Räume mit ein paar Hockern und einem Tresen. Unsere Kundschaft bestand zum Großteil aus Maurern, Lieferanten, Mechanikern und Angestellten – auch Frauen gab es, doch die konnten Pulque nur zum Mitnehmen kaufen. Für einen Imbiss stand ein Mörser mit frischen Chili-Soßen bereit, mit denen die Gäste ihren Fleischkäse würzten. Die Stimmung war derb und ausgelassen, und Handgreiflichkeiten gab es eigentlich ständig."

Diese Ausgelassenheit war auch der Grund, weshalb die Kneipen einen Ruf genossen, der bis heute anhält. „Nach meinen Erfahrungen", so der Sozialarbeiter Alfonso Hernández, der seit vielen Jahren das Ghettoviertel Tepito betreut, „hat Pulque in den ärmeren Bezirken wie Dynamit gewirkt. Die Konsumenten, die Tag für Tag in der Pulquería saßen, verblödeten langsam, und die Gewaltrate innerhalb der Familien war hoch. Die sogenannte mexikanische Fröhlichkeit endete oft in Mord und Totschlag."

Was dem Geschäft Ende der fünfziger Jahre ein Ende bereitete, war jedoch nicht der üble Leumund, sondern ein perfider Trick der Bierindustrie, die den preisgünstigen Konkurrenten aus dem Weg räumen wollte: Die Brauereikonzerne brachten das Gerücht in Umlauf, dass Pulque mit Menschen- oder Hundekot vergoren würde. So bekam der indianische Göttertrank endgültig den Beigeschmack des Armseligen, Unterprivilegierten und Bettlerhaften. Von 826 Pulquerías, die Mitte der vierziger Jahre in Mexiko-Stadt bestanden, blieben bis zum Jahr 2010 nur vier übrig. Tendenz inzwischen wieder steigend.

Besuch auf der Plantage San Isidro, Bundesstaat Tlaxcala, 100 Kilometer von Mexiko-Stadt entfernt. Inmitten eines grünen Meers von mannshohen Agaven steht Raúl del Razo, ein vierschrötiger Schnauzbartträger mit Holzfällerhemd und Cowboystiefeln. Vor 30 Jahren hat sein Vater hier mit dem Agaven-Anbau begonnen. Heute ist die Del-Razo-Familie Hauptlieferant für Mexiko-Stadt. „Pulque ist eines der hygienischsten Getränke der Welt", sagt Raúl del Razo, „bei jeder Zugabe von Dreck würden Geschmack und Konsistenz sofort kippen."

Raúl del Razo zeigt, wie das „weiße Gold" extrahiert wird – 2500 Liter pro Tag. Um Pulque zu gewinnen, suchen sich die Tlachiqueros, die Arbeiter, zuerst die reifen Pflanzen, die mindestens sechs Jahre alt sein müssen. Dann schneiden sie sich eine sogenannte Tür durch den Wall der Blätter und köpfen mit der Machete das ananasförmige Herz der Pflanze am Boden. Aus den Blättern fließen nun sechs Monate lang vier bis acht Liter Saft pro Tag in das ausgeschabte Herz – sogenannter Aguamiel, eine Flüssigkeit voller Fruchtzucker. Dies ist der Ausgangsstoff für Pulque. Zweimal am Tag müssen die Tlachiqueros nun zur Agave kommen, um den Saft zu extrahieren und die Poren freizuschaben.

Was wie ein kurioser Gärtner-Job klingt, ist in Wirklichkeit Knochenarbeit: Mit Fiberglas-Rohren saugen die Tlachiqueros per Lungenkraft 270 Liter Saft pro Tag aus den Pflanzen, füllen diesen in Kanister und transportieren ihn auf Maultieren zu den Lagerhäusern. „Wichtig ist, das offene Herz immer abzudecken, damit keine Beutelratten oder Stinktiere vom Aguamiel naschen", sagt Del Razo. Den einzig echten Schaden richten jedoch Diebe an, die nachts in die Pflanzungen einsteigen und den Agaven die Haut abziehen, um damit das Fleisch für ihre Garküchen einzuwickeln. „Deswegen durchlöchern wir die Blätter", sagt Del Razo, „obwohl wir das Recht hätten, auf Einbrecher zu schießen."

Im kühlen Lagerhaus gären in riesigen Fiberglas-Bottichen 30 000 Liter Pulque. Acht Tage braucht der Agavensaft, um auf einen Alkoholgehalt von 5,6 bis 5,8 Prozent zu kommen. Raúl del Razo kontrolliert den ganzen Tag Geschmack und Konsistenz, mischt die Ernten, verkostet Proben. „Pulque ist eine Art lebender Organismus", sagt er und deutet auf einen Tank, der mit einem Schaum voller Moskitos und Wespen

Agaven sehen harmlos aus, doch ihr Saft wirkt wie Dynamit: Früher endete die Trinkerei schon mal mit Mord und Totschlag.

bedeckt ist. „Bei der Gärung werden alle Fremdkörper abgesondert, man muss den Ausstoß regelmäßig mit einem Sieb abseien." Dann reicht er eine Schale von fertigem, frisch vergorenem Pulque – köstlich kühl, erfrischend und angenehm säuerlich. Und offensichtlich genießt das Getränk göttlichen Schutz: Der Trog mit dem Agavensaft und dem für die Vergärung zuständigen Bakterium Zymomonas mobilis steht in einer Art Kapelle, direkt unter dem riesigen Bildnis des heiligen Michael.

Nachmittagskaffee bei den Del Razos. Espresso, Pulque-Edelbrand und Agavenkandis wird gereicht. Aus Mexiko-Stadt ist Don Nabor gekommen, der dienstälteste Pulquería-Wirt der Hauptstadt, und sein Enkel Lalo, der die Kanister per Laster nach Mexiko-Stadt bringt und mit Frucht- oder Nuss-Mus zu sogenannten Curados veredelt. Zwanzig Geschmacksrichtungen fertigt Lalo an, darunter Ananas, Waldbeere, Mango, Kokos, Pistazie und Mandel. Wobei Kenner sagen, dass der reine, weiße Pulque immer noch die leckerste Variante sei. Beim Kaffeetrinken erinnern sich die Veteranen an die rauschenden Feste, die früher jeden Monat auf dem Gehöft der Del Razos gefeiert wurden, und der Großvater wettert los: „Die Politiker in Mexiko-Stadt haben uns Pulque-Hersteller immer wie Kriminelle behandelt, wie Marihuanaschmuggler! Ständig hat man uns unter fadenscheinigen Vorwänden die Geschäftslizenz entzogen, damit wir dem zuständigen Staatsbeamten wieder Schmiergeld vorbeibrachten."

Doch diese Zeiten scheinen vorbei zu sein. Inzwischen exportieren die Del Razos ihren Pulque sogar als Dosengetränk nach Nordamerika, Kroatien und Deutschland. Oder aber nach Mexiko-Stadt, wo Gäste wie Carlos schon sehnsüchtig die Humpen über die Tresen schieben und auf Nachschub warten. Denn wie sagt Carlos so poetisch: „Der Dinosaurier unter den Alkoholika trägt dich zu neuen Ufern, und je mehr du davon trinkst, desto mehr genießt du es."

VON PIA VOLK

PAUL IM PARADIES

Auf Palau in der Südsee gibt es mächtige Frauen.
Doch ein Sechsjähriger regiert.

*Es dauert, bis Paul ins
Wasser geht. Aus Angst, sich den Wackelzahn
am Schnorchel auszubeißen.*

Dies ist kein Ort für Kinder: Es gibt Haie, Kampfflieger, Frauen, die zu viel Haut zeigen und jede Menge Lieder über Sex. Immerhin verstehen wir die nicht, sehen nur eine Sängerin, groß und stämmig, mit wilden Locken und einer Haut, die golden schimmert. Hinter ihr spielt eine Band eine sehnsuchtsvolle Musik, die klingt wie die alten Lieder Hawaiis mit einer Prise Pop. Die Frauen johlen, kommen angetanzt und stecken ihr Dollarnoten zu. So wird die Band bezahlt. Es wird gekichert und gepfiffen. Männer sind nicht zugelassen auf dieser Veranstaltung, eigentlich. Ein paar Alte haben sich trotzdem reingeschlichen.

Es ist unser letzter Tag in Palau, einem Inselstaat im Pazifik auf halbem Weg zwischen Japan und Australien. Ich habe mei-

nen sechsjährigen Sohn Paul nach Palau geschleift, um ihm zu zeigen, was Menschen unter dem Paradies verstehen. Die Inseln sehen aus, als seien sie Gott aus der Tasche gefallen, als er die Erde formte. Als habe der Lehmklumpen getropft, ein Platscher hier, ein Platscher dort. Es sind Korallenriffe, die gen Himmel streben, unter der Wasseroberfläche sind sie die Heimat von Spongebob und seiner Crew. Die Natur hat die Rock Islands mit einem grünen Schutzbezug überzogen, mit Hecken und Büschen, das Wasser nagt an ihnen, hat Höhlen hineingefressen, kleine Gänge und Buchten. Mangroven wuchern um sie herum, schmiegen sich an den Fels, schlingen sich umeinander, ineinander, verknoten sich, klettern übereinander, immer hoch in Richtung Sonne. Doch Paul interessiert das

alles nicht. Er kümmert sich nur um seinen Wackelzahn.

Koror, die ehemalige Hauptstadt und das touristische Herz Palaus, liegt auf einer kleineren Insel, die per Damm mit der Hauptinsel Babelthuap verbunden ist. Am alten Hafen stehen sich auf staubigem Boden zwei lange Pavillons gegenüber, darunter hocken mehrere Dutzend Frauen, breitbeinig auf Plastikstühlen, dicke und dünne, alte und junge, in Röcken oder Hosen. Die Sonne brutzelt, die Luft steht. Sie halbieren Betelnüsse, streuen eine Ladung Karbonat darauf – ein weißes Pulver –, wickeln das Ganze in ein Limonenblatt ein und stopfen es sich in die Backe. Sie kauen und mahlen, und ihren roten Speichel spucken sie auf den Boden vor sich. Immer mal wieder steht eine auf, tänzelt zur Bühne und steckt der Sängerin ein paar Scheine zu. Die Frauen grölen, holen sich eine neue Dose Bier und grölen weiter. Einige der Frauen tragen T-Shirts mit dem Schriftzug „Koshiba", das ist die zweite Hauptperson dieser Veranstaltung: ein kleiner Babyjunge namens Koshiba. Die erste Hauptperson ist seine Mutter. Sie hat das traditionelle Reinigungsritual über sich ergehen lassen und soll nun wieder der Öffentlichkeit präsentiert werden. Die Öffentlichkeit, das sind in Palau vor allem die Frauen.

In Palau wird jeder als Mitglied eines Klans, einer Großfamilie, geboren. An der Spitze der Klans stehen Frauen, an der Spitze der Regierung stehen Männer. Daran sind die Deutschen schuld und auch die Japaner, die nach dem Ersten Weltkrieg kamen, und die Amerikaner, die die Inseln nach dem Zweiten Weltkrieg unter ihr Protektorat nahmen. Keiner, der über Palau herrschte, wollte von den mächtigen Frauen etwas wissen. Der unabhängige Staat Palau ist jünger als das vereinte Deutschland: Es gibt ihn erst seit 1994. Nun verwalten die Frauen das Geld und die Männer die Gesetze.

Wir sehen Frauen außer Rand und Band, so wird Klanpolitik gemacht. Die Familie des Mannes zahlt Brautgeld an die Familie der Frau. Dabei fallen Geburt des ersten Kindes und Hochzeitsparty zusammen. Zehn Tage hat Koshibas Mutter in einem Bambusverschlag verbracht. Sie ist mit ätherischen Ölen eingerieben und mit kochend heißem Wasser besprenkelt worden. Nun tritt sie in die Sonne. Ihr Körper leuchtet gelb vom Ingweröl, sie duftet nach Essen. Stundenlang muss sie in der Sonne stehen, während andere Frauen um sie herumtanzen und ihren Verwandten Geld zustecken. Es wird gesungen, gesoffen und gegessen.

Ich bin beeindruckt von dem – zugegebenermaßen etwas proletenhaften – Ausleben weiblicher Macht. Paul dagegen bleibt unbeeindruckt: vermeintliche Frauenherrschaft, Tauchen, Mangrovenwälder. Undankbarer Wicht, könnte man denken. Andererseits: Seine Kleinkinderwelt steckt voller mächtiger Frauen: Mütter, Omas, Kindergärtnerinnen, Lehrerinnen. Der Fußballtrainer ist männlich. Sonst nie-

Paul liebt das Meer vom Strand aus, will festen Boden unter den Füßen haben. Und die Mangroven? „Du weißt doch, ich mag keine Mangos!", sagt er.

mand. Paul liebt das Meer vom Strand aus, will festen Boden unter den Füßen haben. Spongebob kann bleiben, wo der Pfeffer wächst. Und die Mangroven? „Du weißt doch, ich mag keine Mangos!", sagt er.

Die Landfläche von Palau ist ungefähr so groß wie die der Hansestadt Bremen, doch sie verteilt sich auf eine große Insel und mehr als 400 kleine Eilande, mit jeder Menge blauem Ozean zwischen ihnen. Die größte Insel Babelthuap macht 80 Prozent der Landfläche Palaus aus. Nur 21 000 Menschen zählt die Nation, aber mehr als viermal so viele Touristen kommen jedes Jahr. Sie brauchen Hilfe, damit sie sich nicht in dem großen Nass verlieren.

Paul kann das nicht passieren, glaubt er. Als wir ankommen, will er gar nicht erst ins Wasser mit seinem Wackelzahn, den er sich am Schnorchel ausbeißen könnte. Ich kann ihn in diesem Moment nicht leiden. Wir sitzen in einem weißen Motorboot, dessen Farbe man nur mit Sonnenbrille ertragen kann, auch wenn man keinen Kater hat, und cruisen zwischen den Inselchen herum. Unter uns leuchtet das Meer in Lollipop-Türkis, wir haben eine eiskalte Getränkedose in der Hand, die Sonne bringt das Hirn zum Schmelzen, aber das braucht man hier sowieso nicht. Auf dem Armaturenbrett liegt ein altes Handy, aus dem Bob Marley dudelt. Paul sitzt neben mir in seiner lilafarbenen Schwimmweste und schmollt.

Ein alter Bomber, der während der Schlacht um Palau im Zweiten Welt-

krieg abgeschossen wurde, taucht unter uns im Wasser auf. Die Flügel sind schon verschwunden, nur der bohnenförmige Rumpf liegt noch auf dem Grund aus weißem Korallensand. Ich will ins Wasser. Paul will Uno spielen. Butler, unser Guide, verbietet uns beides. Der Wind würde die Karten sofort wegwehen, raus in den Pazifik, wo sie die Strömung mitnehmen würde. „Früher konnten wir die Strömung vorhersagen, doch sie ist unberechenbar geworden", sagt Butler. Der Klimawandel geht auch am vermeintlichen Paradies nicht vorüber. Aber dann erlaubt er mir doch, ins Wasser zu gehen. Und Paul? Butler winkt ab, der sei jetzt mal sein Problem. Ich springe hinein, bevor er es sich anders überlegt. Die Wassermassen sind stark, reißen mich mit.

Angeblich haben die Deutschen dem Inselstaat seinen Namen gegeben: Palau. Im letzten Jahr des 19. Jahrhunderts hatte es Wilhelm II. als Deutsch-Neuguinea den Spaniern abgekauft. Ich frage mich, ob der Kaiser rief: „Oh, wie blau alles schimmert!", als er die Eilande besuchte. Der Himmel, das Wasser, die Fische. Palau klingt wie eine Verballhornung von Blau. Die Deutschen blieben nur kurz, der Name währt bis heute.

Unter Wasser ist es friedlich. Ein leises Rauschen in den Ohren. Sonst nichts. Kein maulendes Kind, nirgends. Ich will gar nicht wieder auftauchen. Doch die Strömung treibt mich direkt auf unser Boot zu, Paul und Butler haben es auf die andere Seite gefahren, damit ich nicht gegen die Strömung anschwimmen muss, obwohl ich das ohnehin tue, seitdem wir gelandet sind. Man stellt sich das immer so schön vor: Urlaub im Tropenparadies. Doch selbst, wenn man seinen Alltag nicht mit auf Reisen nimmt, sondern bekocht wird und die Wäsche morgens verschwindet, um abends sauber gebügelt wieder aufzutauchen, ändern sich die Kinder nicht. Wieso sollte auch jemand, dessen Alltag aus Spielen mit Freunden besteht, sich für eine oder zwei Wochen Spielen ohne Freunde begeistern?

Dabei sind wir ja nicht nur nach Palau gekommen, weil hier Frauen die Hosen an-

*Zur Feier des Reinigungsrituals
leben sich die Frauen lautstark aus.
Paul bleibt unbeeindruckt.*

haben, sondern auch, weil bereits Sechsjährige hier Schnorcheln lernen können, Achtjährige mit kleinen Sauerstoffflaschen im Pool tauchen und Zehnjährige mit ihren Eltern draußen den Putzerfischen zusehen können, wie sie die Mäntel der Rochen säubern. Klingt schön – Kinder als kleine Erwachsene. Sind sie aber nicht. Sie frieren schneller und merken es seltener. Sie sollten früher aus dem Wasser raus, bleiben aber meist länger drin. Und wie das Tauchen, das Atmen unter Druck, die Mikrobläschen, die dabei entstehen können, sich auf das Knochenwachstum auswirken, darüber streiten sich die Experten. Beim Schnorcheln kann aber nicht viel passieren, dachte ich. Paul könnte den Clownfisch Nemo sehen, richtige Schwämme, und dann wüsste er, dass man nicht in einer Ananas

auf dem Meeresgrund wohnen kann. Ich dachte, das sei cool. Und da ich Alleinherrscherin in Pauls Universum bin, müsste er es auch cool finden.

Von wegen. Cool findet er erst mal nur Butler. Butler ist Einheimischer. Sein Gesicht besteht aus einem Riesenlächeln. Er ist charmant nach Art alter Herren, obwohl er schätzungsweise erst Ende 30 ist, ein Meister im Flirten. Als ich auf das Boot klettere, geben Paul und er sich „High Five". Sie sind sich einig – worüber, weiß ich nicht. Als wir am Regenbogen-Riff ankommen, lässt Paul seine Beine über die Reling baumeln und beobachtet das Wuseln unter sich. „Was sind das für Fische?", fragt er Butler. „Komm, wir gehen mal ins Wasser und schauen nach", antwortet der. Und weg sind sie. Das Wasser blubbert über vor Fischen: Clownfi-

sche kuscheln mit Anemonen, Nadelfische sausen vorbei. In der Ferne schwimmt ein Hai. Ein Hai! Mir fällt in loser Reihenfolge ein: scharfe Zähne, Blut, Menschenfresser – und werde ausgelacht. Ein Riffhai sei so harmlos wie ein Yorkshire-Terrier, sagt Butler.

„Du bist ja ein Angsthase", sagt Paul und lacht mir ins Gesicht. „Was hast du denn gesehen?", frage ich. Er erzählt mir von Fischen so groß wie ein Motorrad, Muscheln, in denen er sich verstecken könnte, von den blauen Seesternen, obwohl Patrick, Spongebobs Kumpel, doch rosa ist – und Seepferdchen. „Bei Seepferdchen bekommen die Jungs die Kinder", sage ich. Paul zeigt mir einen Vogel. So was gebe es ja wohl nicht. „Tja", antworte ich, „die Welt ist eben nicht immer und überall so, wie man sie gerne hätte."

VON SVEN WENIGER

UFO VORAUS

Nirgendwo auf der Welt kann man so viele Walhaie beobachten
wie am Ningaloo Reef in Westaustralien.

Der Puls steigt, die Atmung setzt aus, und manche Taucher müssen schnell an die Oberfläche – so überwältigt sind sie von der Begegnung.

Zwei Stunden dauert der Flug von Perth Richtung Norden nach Exmouth. Schon in aller Frühe ist die Boeing randvoll. Die meisten Männer tragen abgewetzte Klamotten und orange Warnwesten. Sie wollen zurück auf ihre Offshore-Plattformen. 20 Meilen vor der Küste des North West Cape fördern sie Erdöl und Gas. Nach ihrer zwei Wochen dauernden Schicht fliegen sie wieder in die Hauptstadt zurück. Perth ist mit seinen 1,6 Millionen Einwohnern die einzige Großstadt in Westaustralien. Im Rest des Bundesstaates, den sie hier nur „WA", sprich „Dabbelju Äi", nennen und der siebenmal größer ist als Deutschland, verlieren sich gerade mal eine halbe Million Siedler. Als die Hubschrauber mit den Ölarbeitern zum Weiterflug von der Landebahn in Exmouth abheben, bleibt nur eine Handvoll Leute zurück, die in das 1500-Seelen-Nest wollen. Das Land hier ist weitgehend menschenleeres Outback.

So war es reiner Zufall, dass man vor kaum 30 Jahren die Walhaie entdeckte. 1967 errichteten die Amerikaner hier eine gigantische Funkanlage für ihre U-Boot-Flotte. Mit ihnen kamen die Australier, um den Militärs mit ein paar Pubs beim Geldausgeben zu helfen. Den Wirten folgten die Krabbenfischer, die beste Fanggründe antrafen und schließlich die mysteriösen Giganten der Meere entdeckten. Jacques Cousteau filmte die Walhaie und machte sie in aller Welt bekannt. Ganze zwei Exemplare hatte der Franzose zuvor in 20 Expeditionsjahren zu Gesicht bekommen. Hier glitten die scheuen Dinosaurier der Tiefe zuhauf durch das Flachwasser des Ningaloo Reef, eines 260 Kilometer langen Riffs direkt vor der Halbinsel – eine Sensation.

Andy stellt sich vor. Wie ein Wasserfall rattert der kleine Glatzkopf die Namen seiner Tauchcrew herunter, gibt Anweisungen, Erklärungen, Verhaltensregeln, die im dröhnenden Motorenlärm seines Schiffs untergehen. Das pflügt vom Tantabiddi Beach aus das North West Cape entlang, während die Gäste sich in ihre Neopren-Anzüge zwängen, Masken und

Schnorchel testen. Über uns kurven Cessnas, als übten sie für eine Flugschau. Das sind die Walhai-Späher. Ihnen entgeht kein Schatten unter der Meeresoberfläche, schon gar keiner, der acht Meter lang ist. Eine seltsam lärmende Atemlosigkeit herrscht anfangs an Bord, die nicht recht passen will zu einer Weltgegend, die für Europäer an Entschleunigung kaum zu überbieten ist. Man muss nur zur Küste zurückschauen.

Dort durchzieht eine von Erosion konturenlos geschliffene Hügelkette wie ein Rückgrat die Halbinsel – das Cape Range. Flaches Buschwerk und das allgegenwärtige Spinifex-Gras sprenkeln die rostrote Trockenzone. Die erinnert in der zum Pazifik auslaufenden Ebene an afrikanische Steppen, bloß ohne Tiere. Kein Haus, kein Baum – nichts hält das Auge fest. Selbst die vielen Sendemasten der US-Navy fallen kaum auf, obwohl jeder einzelne höher ist als der Eiffelturm. Dieses leere Land mit seinen ungeheuren Dimensionen schnurrt alles auf Spielzeuggröße zusammen und bremst den Puls.

„Whale Shark!" Andy hüpft von der Brücke herab, im Funk quäkt die Stimme des Cessna-Piloten. Die Tauchguides rufen ihre Gruppen zusammen, der Adrenalinpegel steigt. Was geht da unten vor? Zunächst gibt es Korallenbänke in kräftigen Farben und bizarren Formen zu sehen, durch die knallbuntes Fischvolk zieht. Dann schickt uns Andys Ausguck vom Boot aus in tieferes Wasser, direkt auf das Wesen zu, das uns schemenhaft aus dem Zwielicht entgegenschwimmt, nein, schwebt, lautlos, schwerelos, unwirklich wie ein gewaltiges Raumschiff. Der größte Fisch des Planeten.

Ein Schwung der vertikalen Schwanzflosse, die hoch wie ein Mann ist, und das Tier gleitet majestätisch vorbei. Keine hektischen Bewegungen, wie sie für Haie typisch sind, wenn sie Beute suchen, kein zähnestarrendes Gebiss, das Angst einflößt. Dieser sanfte Riese öffnet einfach sein flaches Breitmaul und lässt 6000 Liter Wasser pro Stunde hindurchströmen, aus denen die Kiemen Plankton und Algen filtern. Gebannt starren die Taucher auf das Vexierspiel aus weißen Flecken und Streifen, das den beige-braunen Rücken des Fisches wie ein Tarnnetz inmitten der Lichtreflexe des Wassers überzieht. Geduldig lässt er uns an seiner Seite mitpaddeln, ebenso wie Makrelen, Schiffshalter und andere kleine Fische, die als ständige Begleiter mit ihm unterwegs sind. Schwer abschätzbar, wie lang er ist. Manch einer vergisst vor Ehrfurcht das Atmen und muss, nach Luft keuchend, auftauchen.

Walhaie sind den Forschern ein Rätsel. Kläglich ist unser Wissen über Herkunft, Verhalten, Lebensspanne, Reiserouten. Bis zu 18 Meter lang können sie wohl werden, mehr als 30 Tonnen schwer. Wissenschaftler glauben, dass sie die Meere schon seit 250 Millionen Jahren bevölkern. Nicht einmal ihre Zahl und ob sie eine gefährdete Art sind, ist bekannt. In einigen asiatischen Ländern werden sie gejagt. Auf taiwanesischen Märkten wird ihr Fleisch als Delikatesse verkauft. Obskure Sammler bieten für eine Rückenflosse 15 000 Dollar. Die Philippinen, wo oft Walhaie auftauchen, verboten die Jagd erst, als Naturschützer vorgerechnet hatten, dass ein lebendiger Walhai als Touristenattraktion lukrativer ist als ein toter. Der Walhai beflügelt die Phantasie über das, was die Ozeane noch vor uns verbergen. Im Gegensatz zu einem Wal kann man sich ihm gefahrlos bis auf kurze Distanz nähern. Wenn er sich gestört fühlt, taucht er einfach ab in die Tiefsee.

Das Ningaloo Reef zieht Walhaie offensichtlich an. Nirgendwo sind sie so sicher anzutreffen und zu beobachten wie hier. Ein halbes Dutzend werden wir insgesamt zu sehen bekommen. Ein möglicher Grund ist, dass Strömungen große Mengen Krill ins Flachwasser treiben. Die beste Zeit ist von März bis Juli. Dann laichen die Korallen, trüben die See milchig, und es ist für Walhaie angerichtet.

Doch während das Great Barrier Reef im Osten Australiens Jahr für Jahr Zehntausende Besucher anzieht, verlieren sich hier nur wenige an den strahlend hellen Stränden. Dabei ist das größte Saumriff Australiens, das im Ningaloo Marine Park seit 1987 geschützt wird, weitaus besser erlebbar. In Sichtweite liegt es vor der Halbinsel. In wenigen Minuten sind die Boote dort, gefährliche Raubfische werden in Küstennähe nicht gesichtet. Um Korallen, Mantas, Clownfische und, je nach Jahreszeit, Meeresschildkröten und Walhaie zu beobachten, muss niemand einen Tauch-

kurs belegen. Ein Sprung ins Meer, und schon geht das Abenteuer los. In der seichten Turquoise Bay, wenige Autominuten südlich des Tantabiddi Beach, können Schnorchler sogar direkt vom Strand zum Riff schwimmen. Allerdings ist die Infrastruktur für Urlauber begrenzt. So schön die Strände in Riffnähe sind, es gibt dort keine Restaurants, Lokale, Geschäfte. Ein Toilettenhäuschen pro Parkplatz, ein paar Erklärungen zur Umgebung – das ist alles.

> **Je größer das Interesse am Riff und seinen Bewohnern, desto geringer die Gefahr, dass ihm zu Leibe gerückt wird. Doch niemand weiß, was passiert, wenn der Schiffsverkehr zunimmt.**

Besucher müssen alles selbst mitbringen und werden aufgefordert, sogar die kleinste Verpackung wieder mitzunehmen. Nur Exmouth bietet ein paar Hotels, Pizzerien und Supermärkte.

Auch an Bord gibt es Mittagessen. Andys Crew hat ein üppiges Buffet aufgetischt. Nur eine Handvoll Bootseigner wie er fährt zum Whale Shark Watching. Noch ist es ein Nischengeschäft. Die Saison ist kurz. Und außerhalb der australischen Schulferien, wenn sich die Küstenregion für einige Zeit belebt, trifft man hier nur Backpacker, die einen der wenigen Jobs in der Hotellerie suchen. Die Regierung animiert sie dazu mit ihrem „Work and Travel"-Programm, das es Jugendlichen ermöglicht, ein Jahr lang im Land zu reisen und zu jobben.

Tourismus ist der beste Garant für den Umweltschutz am Ningaloo Reef. Die Gäste der teuren Tauchtouren – etwa 250 Euro kostet ein Tagesausflug – sind die einzige Einkommensquelle neben Fischfang und Ölindustrie. Je größer das Interesse am Riff und seinen Bewohnern, desto geringer die Gefahr, dass ihm zu Leibe gerückt wird. In der Exmouth Bay zwischen Halbinsel und Festland haben die Schleppnetze der Garnelenfänger das Riff bereits schwer in Mitleidenschaft gezogen. Noch stören die Offshore-Plattformen den Zug von Walhaien, Orcas und Delphinen nicht. Aber eine große Verladepier innerhalb der Bucht ist in Planung. Niemand weiß, was passieren wird, wenn ständig Schiffe die Reisewege der Tiere kreuzen. Um die Forschung zu unterstützen, fotografieren Andys Leute mit Unterwasserkameras den Rückenbereich hinter den Kiemen der Walhaie. Das Fleckenmuster ist einzigartig wie ein Fingerabdruck. So hofft man, mehr über die genaue Anzahl der Tiere und ihre Wanderrouten zu erfahren. Gut 1200 wurden bis heute weltweit erfasst.

Am Nachmittag sind die Augen der Taucher gerötet, so lange waren sie im Wasser. Doch niemand kann sich sattsehen an den sanften Giganten, in deren Nähe wir Menschen einfach nur ganz, ganz kleine Fische sind.

VON KIKI BARON

TAU-WETTER

Perm wirbt neuerdings um die
künstlerische Avantgarde Russlands. Früher mussten
in der Stadt am Ural Zwangsarbeiter schuften.

Ja, „Sehnsucht heißt ein altes Lied der Taiga". Der Schlager der Sängerin Alexandra aus den sechziger Jahren mäandert im Ohr wie die Flüsse unter dem Flugzeugfenster, die rauchige Stimme verliert sich im Ausblick: Nebelschleier über unendlich weiten Wäldern. Was wusste man in den in den sechziger Jahren von dieser Region? Nichts. Sie war unerreichbar während des Kalten Krieges, man hatte keine Ahnung von den Gulags der Stalin-Ära und nur wenig danach. Seit Moskau ist über zwei Zeitzonen hinweg nichts anderes zu sehen als Wald. Das Ziel heißt Perm. Die letzte Großstadt Europas, oder anders ausgedrückt, die erste, wo die Sonne aufgeht. Andere Orte würden damit werben. Nicht so die Stadt am Ural. Die hat viel Großartigeres im Sinn. Neue Kulturmetropole Russlands will sie sein, oder, wie der Gouverneur der Region Perm, Oleg Chirkunov, sagt, Kulturkapitale Europas.

Der Flughafenterminal der Ein-Millionen-Stadt ist kleiner als der von Kiel. Viel Platz zum Kofferabholen ist nicht. Vor dem Taxifenster ziehen Betonfassaden vorbei. Die Straße der Kosmonauten: Hochhäuser, Bürokomplexe, Lagerhallen, dazwischen marode Blockhütten-Siedlungen mit verwilderten Gärten. Alle Viertel sind großzügig im Schachbrettmuster angelegt, Grün säumt die Straßen. St. Petersburg war Vorbild. Zarin Anna erteilte 1723 die Order zur Gründung. Von Palästen sprach sie nicht, Perm an der Kama wurde als Arbeiterstadt entworfen, als Ort der Kupferschmelze und Waffenschmiede. Es gab keinen Mangel an Holz für Öfen und Kupfer im Überfluss. Der Nordische Krieg war gerade gewonnen, das Russische Kaiserreich ausgerufen, die neue Großmacht an der Ostsee musste sich zur Verteidigung rüsten. Jetzt sind Öl und Gas Haupteinnahmequellen, Chemie und Elektrotechnik. Russlands größte Kabelfabrik steht hier. Der Stadt geht es nicht schlecht, das sieht man, Straßen und Parks sind gepflegt. Echt aufregend scheint Perm nicht zu sein.

Oder doch? So stalinistisch trübe das Verwaltungsgebäude der Region Perm ist, so

*Kunst ist allgegenwärtig
in der Stadt.
Riesige Gemälde möbeln
triste Fassaden auf.*

originell wirkt die Installation auf dem Dach und vor dem Eingang. Rote Riesenmänner auf weißem Stuhl, den rechten Arm angewinkelt in die Luft gestreckt. Kubistisch, klotzig, klug. Achtung, hier passiert was! Genau das ist der Sinn der Red-People-Konstruktion von „Pprofessors", einer Künstlergruppe aus St. Petersburg. „Wir erwecken Perm zu neuem Leben", sagt dann auch Boris Milgram, Vizepremier der Region Perm, und breitet vor Begeisterung die Arme aus. Man glaubt ihm das. Vielleicht liegt es an seinem zauseligen Bart, der ungebügelten Jacke und dem lässigen Schal. Der ehemalige Theaterdirektor wurde vom Provinzgouverneur ins Amt berufen, der vorher Import-Export-Magnat und begeisterter Blogger über Kunst und Kultur war.

„Als ich anfing", sagt Milgram, „hatte Perm 160 000 ausgebildete junge Leute verloren. Wir mussten etwas machen, um die Stadt attraktiv und lebenswert zu gestalten." Man träume von einem neuen Image: „Modern, demokratisch, multikulturell." Dafür wurde unter anderem die holländische Architekten- und Stadtpla-

nungsgruppe KCAP mit einem Masterplan beauftragt. Das Jahresbudget für das kulturelle Entwicklungsprogramm beläuft sich auf umgerechnet etwa 36,6 Millionen Euro. Verständlich, dass das Projekt nicht nur Freunde hat. Baut lieber Straßen, Flughafen und Krankenhäuser, monieren Kritiker. Er wolle zunächst einmal mit überschaubaren Investitionen gestalten, antwortete ihnen Gouverneur Chirkunov in der lokalen Presse. Für Intellektuelle und Avantgardekünstler Reize schaffen – das ist seine Vision: „Die besten Köpfe Russlands werden dann schon kommen."

In der Innenstadt ist Chirkunovs Vision schon ansatzweise umgesetzt. Hier riesige Konterfeis auf Plattenbauten, dort Graffiti auf stählernen Bauzäunen, Werke russischer und internationaler Künstler. Auf einen Zaun hat die Israelin Maya Barkai ihre „Walking Men" appliziert, Ampelmännchen. Ein ähnliches Projekt läuft derzeit in New York. Partner ist das Perm Museum of Contemporary Art (Permm). Seine Ausstellungen sind am Ufer der Kama in Hallen des einstigen Fährterminals im Stalin-Zuckerbäckerstil zu sehen. Die acht größten Sammler moderner russischer Kunst präsentieren in diesem Sommer Teile ihrer Kollektion. Der einzige Nichtrusse unter ihnen ist der französische Verleger und Abenteurer Pierre Brochet, seit Jahren eine Leitfigur der Moskauer Kunstszene. Paradoxerweise ist es gerade ihm zu verdanken, dass Russen russische moderne Kunst kaufen. Manche jedenfalls. 2002 gründete er den Contemporary Art Collectors Club. Seine Mission: Der reichen Elite im Land die Avantgardekunst schmackhaft zu machen. „Künstler, speziell provokative, die es bisher noch nicht zu Anerkennung im Land oder jenseits der Grenzen gebracht haben, finden hier eine Plattform. Und reichlich aufregende Ausstellungsräume", sagt er. Zum Beispiel eine abgewrackte Tabakfabrik aus dem 19. Jahrhundert, in der man hinter ihm her über Schutt stolpert. Hier sind Videoinstallationen und Politcomics zu sehen – ein Hauch von Biennale in Venedig.

*Das Perm Museum of Contemporary Art zeigt seine Ausstellungen
in Hallen des einstigen Fährterminals.*

Motor der Kunstszene ist Marat Guelman, Direktor des Permm. Noch zum Jahrtausendwechsel war er umstrittener politischer Strippenzieher, mit Boris Jelzin und Wladimir Putin befreundet und gleichzeitig bedeutendster russischer Sammler. Seine Galerie in Moskau war 1990 die erste der Post-Sowjet-Epoche, die sich wagte, neue Talente aus dem Hinterland zu präsentieren. Im Ausland verkaufte er sie höchst erfolgreich. Nun hat sich Guelman in der Industriestadt etabliert. „Perm hat St. Petersburg und Moskau als spannendste Orte für innovative Kultur überholt", findet er. Und weiß nicht zuletzt die Financial Times hinter sich, die vom Permm als einer der spektakulärsten Galerien für Moderne Kunst in Russland schwärmte.

Es soll noch viel spektakulärer werden. Es ist ein Museum geplant, von dem man

Die Rüstungsfabrik ist jetzt ein Museum. Panzer sind hier ein beliebtes Fotomotiv für den Mann, die Dame des Herzens obendrauf mit Abschussrohr zwischen den Beinen.

sich den Bilbao-Effekt erhofft – auch die baskische Industriestadt war heruntergekommen, bevor sie mit Kunst die Kurve kriegte. Involviert ist der Schweizer Architekt Peter Zumthor – nicht der einzige berühmte Name, mit dem sich Perm seinen Platz auf dem internationalen Kulturparkett sichern will. David Chipperfield gewann die Ausschreibung für die Erweiterung und Neuausstattung des Tschaikowsky-Theaters im Komsomolski-Park. Sein Opern- und Ballettensemble gilt nach dem Bolschoi-Theater in Moskau und dem Mariinskij Theater in St. Petersburg als das bedeutendste in Russland.

Zwar war Perm russische Waffenschmiede bis zum Zusammenbruch der Sowjetunion und bis 1991 verbotene Zone für Ausländer, aber es war auch Brutstätte für Künstler aller Genres, egal ob sie freiwillig da waren oder

Nächster Halt: Kultur. In Perm hofft man, damit die Kurve zu kriegen, wie es andere Städte auch geschafft haben.

nicht. „Dank all der politischen Gefangenen, die in Perm lebten, und der Tatsache, dass sich Künstler, Ballett- und Theatergruppen im Zweiten Weltkrieg hierher zurückgezogen hatten, war die Stadt offen für neue Ideen und Konzepte, lange bevor wir kamen", sagt Marat Guelman. Perm sei so gesehen schon lange „von Künsten durchdrungen". Und voll von bemerkenswerten Kontrasten.

Wie die Perm-Kunst-Galerie, untergebracht in der orthodoxen Kathedrale, einem gelb-weißen Schnörkelbau vom Anfang des 19. Jahrhunderts. 50 000 Kunstwerke umfasst die Sammlung, ausgestellt ist der wichtigste Teil europäisch-russischer Kunst aus 400 Jahren. Ein Höhepunkt ist die Ikonenkollektion der Stroganoff-Dynastie, außerdem hervorzuheben sind 370 Jesusskulpturen, ausdrucksstark im volkstümlich russischen Stil geschnitzt.

Antithese dazu ist Motovilika, am Stadtrand gelegen, eine ehemalige Rüstungsfabrik, jetzt ein Freilichtmuseum. Ausgestellt ist dort alles, worauf die Sowjets in puncto Waffen stolz waren: Interkontinentalraketen zum Anfassen, schwere Panzer als beliebtes Fotomotiv für den Mann, die Dame des Herzens obendrauf mit Abschussrohr zwischen den Beinen.

Eineinhalb Autostunden entfernt von Perm liegt ein ehemaliges Zwangsarbeitslager im Wald: Perm 36. Es ist das einzige in Russland, welches nach seiner Schließung 1992 zum Zeitzeugnis für Besucher restauriert wurde. Ein Camp für politische Sträflinge, in den sechziger Jahren zu dem am besten gesicherten aller Gulags ausgebaut. Neue Techniken wurden hier ausprobiert, bevor sie in anderen Diktaturen ihren Platz fanden, beispielsweise im To-

desstreifen der DDR. 8000 Gulags hat es insgesamt in der Region Perm und jenseits des Urals in Sibirien gegeben. Perm 36 ist fünffach von Stacheldrahtzäunen umgeben. Zum Teil waren sie elektrisch geladen, zum Teil mit Selbstschussanlagen bestückt. Kein Flüchtling sollte sich unter dem Zaun hindurchgraben können. Die Betten in den Baracken: splitterige Holzplanken, die Gemeinschaftsklos Löcher im Boden. Im Sommer scheint die Sonne warm, und die Birken rauschen. Im Winter sinken die Temperaturen bis auf minus 50 Grad Celsius.

„Tausend Ängste", säuselte Schlagersängerin Alexandra, „dass ich es versäume, die geliebte Taiga noch einmal zu sehen." Sie soll das Lied übrigens wegen seiner Ostverklärung gehasst und nur einmal gesungen haben – als sie die Platte aufnahm.

AUTOREN

Kiki Baron ist seit mehr als 20 Jahren weltweit in Sachen Reise unterwegs. Ihre Erlebnisse und Erfahrungen schildert sie beispielsweise in der Süddeutschen Zeitung, Vogue und Traveller´s World.

Silke Beckedorf leitet die Redaktion einer Fachzeitschrift für Imker. Sie kletterte in Nepal zu den Nestern der Riesenhonigbienen und trank sich durch die Tej-Bets in Äthiopien.

Martin Bernstein ist Leiter der Regionalausgabe München-West der Süddeutschen Zeitung. Als studierter Historiker hat er mehrere Bücher zu geschichtlichen und archäologischen Themen vorgelegt.

Marc Bielefeld lebt in Hamburg und auf seinem Segelboot. Außer für die Süddeutsche Zeitung schreibt er Bücher und für Magazine wie Freeman's World, Mare und für Die Zeit – am liebsten über wasserspezifische Themen.

Naomi Conrad studierte in Oxford und Mexiko. Danach arbeitete sie im diplomatischen Dienst der EU und als freie Journalistin im Nahen Osten. Heute ist sie Korrespondentin der Deutschen Welle in Berlin.

Jonathan Fischer hat Pädagogik, Amerikanistik und Kunst studiert. Seit 1991 arbeitet er als freier Journalist mit Schwerpunkt afroamerikanische Kultur unter anderem für die Süddeutsche Zeitung, die FAZ, Die Zeit und den Rolling Stone.

Stefan Fischer hat Germanistik, Geschichte und Theaterwissenschaft studiert. Er arbeitet für die Reiseredaktion der Süddeutschen Zeitung und unterrichtet an der Hochschule für Fernsehen und Film München angehende Kulturjournalisten.

Jens Fuge lebt als freier Journalist in Leipzig, wo er eine Presseagentur betreibt. Er war Fußball-Reporter und hat acht Sportbücher veröffentlicht. Außerdem ist er auf Reisen und Rocker spezialisiert.

Hans Gasser hat Geschichte und Politikwissenschaft studiert. Er ist Teil der Reiseredaktion der Süddeutschen Zeitung, arbeitet aber auch für andere Publikationen wie Die Zeit und National Geographic.

Fabian Heckenberger leitet die Digitale Ausgabe der Süddeutschen Zeitung. Er hat Politik und Rhetorik studiert und als freier Journalist für die Süddeutsche Zeitung, die FAZ, den Tagesspiegel und die Stuttgarter Zeitung gearbeitet.

Thomas Heinloth machte seine Redakteursausbildung an der Münchner Journalistenschule. Seit 2001 lebt er in Berlin, ist dort als Fernseh-Journalist für den rbb unterwegs und schreibt Reisereportagen – unter anderem für die Süddeutsche Zeitung.

Bernd Kastner hat Geschichte und Politikwissenschaft studiert und arbeitet seit 2001 in der München-Redaktion der Süddeutschen Zeitung. In der Freizeit setzt er sich gerne aufs Rad und fährt in oder über die Alpen.

Mirco Lomoth hat Journalistik und Ethnologie studiert und arbeitet seit 2006 als Reporter für Zeitungen und Magazine. Für seine Reisegeschichten besucht er am liebsten Orte, die einen fairen Tourismus ermöglichen.

Birgit Lutz hat sich auf die Arktis spezialisiert: Als Journalistin und Buchautorin war sie bereits 17-mal im hohen Norden unterwegs. Zuletzt durchquerte sie im Mai 2013 für ein neues Buchprojekt Grönland auf Skiern – 560 Kilometer weit.

Monika Maier-Albang ist Redakteurin im Reiseteil der Süddeutschen Zeitung und fährt mit Vorliebe dorthin, wo man Allradantrieb braucht – oder ein Reittier.

Marco Maurer hat sich auf Reportagen spezialisiert und wurde dafür mit mehreren Preisen ausgezeichnet. Neben Menschen interessieren ihn vor allem die Themen Bildung, Sport, Pop und Reise – und sein Lieblingsland: die Schweiz.

Peter Münch arbeitet seit mehr als 20 Jahren für die Süddeutsche Zeitung. Reportage-Reisen führten ihn in dieser Zeit zumeist in Krisen- und Konfliktgebiete auf dem Balkan, im Nahen Osten und nach Afghanistan/Pakistan.

Stefan Nink fliegt, fährt und läuft für Zeitungen, Magazine und Buchverlage über den Planeten. Seine Reportagen wurden vielfach ausgezeichnet und in 17 Sprachen übersetzt. Er hat mehr als 30 Reisebücher veröffentlicht.

Tom Noga studierte Rechtswissenschaften, bevor er seine Liebe fürs Schreiben und Reisen entdeckte. Er erhielt zweimal den deutsch-amerikanischen Journalistenpreis.

Dominik Prantl tourte schon während des Studiums der Wirtschaftsgeographie lieber durch Afrika und diverse Redaktionen als durch die Hörsäle der Universität München. Heute ist er für die Berg- und Wildnisthemen im Reiseteil der Süddeutschen Zeitung zuständig.

Steve Przybilla ist freier Journalist. Für seine Recherchen zieht es den Absolventen der American Cultural Studies häufig ins Ausland.

Michael Ruhland ist seit 2012 Chefredakteur des Magazins Bergsteiger. Der Journalist und Autor arbeitete zuvor 20 Jahre lang in verschiedenen Funktionen bei der Süddeutschen Zeitung, unter anderem als Teamleiter des „Thema des Tages" im Ressort München Region Bayern.

Florian Sanktjohanser machte sich nach einer fünfmonatigen Reise durch Ostafrika selbständig und schreibt jetzt unter anderem für die Süddeutsche Zeitung, dpa und Reisemagazine – bevorzugt über ferne, wenig bekannte Länder.

Christiane Schlötzer hat in München studiert und die Deutsche Journalistenschule besucht. Seit 1992 arbeitet sie bei der Süddeutschen Zeitung. Derzeit berichtet sie als Auslandskorrespondentin aus Griechenland, Zypern und der Türkei.

Sebastian Schoepp ist als außenpolitischer Redakteur bei der Süddeutschen Zeitung für Spanien und Lateinamerika zuständig. Wenn er Zeit hat, schreibt er gerne Reisereportagen, weil das die schönste Art ist, von Land und Leuten zu erzählen.

Karin Steinberger ist seit dem Jahr 2000 Reporterin der „Seite Drei" der Süddeutschen Zeitung. Seit ihrer ersten Reise nach Indien besucht sie das Land so oft wie möglich.

Kai Strittmatter studierte Chinesisch in München, Xi'an und Taipeh, dann besuchte er die Deutsche Journalistenschule in München. Seit 1997 arbeitet er als Korrespondent der SZ: zuerst in Peking, dann in Istanbul, jetzt wieder in Peking.

Jochen Temsch ist verantwortlich für den Reiseteil der Süddeutschen Zeitung. Er hat mehrere Bücher veröffentlicht, darunter: „Reisebuch" (mit Dominik Prantl) und „Laufbuch" (mit Martin Grüning und Urs Weber).

Stefan Ulrich kam nach Jurastudium und Referendariat zur Süddeutschen Zeitung. Von 2005 bis 2009 berichtete er als Italien-Korrespondent aus Rom, danach als Frankreich-Korrespondent aus Paris. Sein Hobby: Reisen.

Pia Volk ist freie Autorin. Wenn sie nicht gerade mit ihrem Sohn durch die Weltgeschichte tingelt, lebt sie in Leipzig. Zurzeit arbeitet sie an einem Buch für reiselustige Eltern.

Sven Weniger schreibt seit 25 Jahren Reisegeschichten. Als Sohn von Schauspielern war er als Kind viel unterwegs. Andere Länder, Menschen und Sprachen faszinieren ihn seitdem. Er wohnt in Hamburg und auf den Kanaren.

Stefan Wimmer lebt in Mexiko-Stadt und München. Er arbeitet unter anderem für die Süddeutsche Zeitung, mehrere ARD-Rundfunksender und die Kulturzeitung Lettre.

Willi Winkler Nach Karl May hat den früher mal jungen Leser niemand so beeindruckt wie Joseph Conrad und seine Erzählungen. Eine Reise in den Fernsten Osten wie in „Almayers Wahn" gibt es nicht mehr, aber eine Atlantikpassage ist auch nicht schlecht. Die Angst reist immer mit, aber allein wär's auch nichts.

Christine Wollowski wollte im April 2000 eigentlich nur für ein Jahr nach Recife im Nordosten Brasiliens reisen. Sie blieb bis heute in dem Land, das so groß ist wie ein Kontinent. Sie ist Mitglied von weltreporter.net.

Achim Zons ist bei der Süddeutschen Zeitung verantwortlich für das „Thema des Tages" und war vorher viele Jahre Redakteur für die „Seite Drei" und die SZ Wochenende.